《百年巨匠》编委会

总 顾 问：蔡　武　胡振民　龚心瀚　王文章　胡占凡

顾　　问：靳尚谊　范迪安　王明明　吴为山　沈　鹏　苏士澍
　　　　　吕章申　尚长荣　蓝天野　濮存昕　傅庚辰　莫　言
　　　　　傅熹年　张锦秋　张保庆　顾明远　张伯礼　黄璐琦
　　　　　杜祥琬　齐　让　鲁　光

《百年巨匠·教育体育篇》编委会

学术指导：王学军　方惠坚　刘璐璐　李　祥　宋以庆
　　　　　张　健　陈洪捷　商金林　储朝晖（按姓氏笔画排序）

主　　任：袁小平　杨京岛

主　　编：陈　宏

编　　委：陈汝杰　李萍萍

统　　筹：裴永忠　梁　辉　董思远　杨　洋　王晓红　李逸辰

编 辑 组：蔡莉莉　曾　丹　金美辰　杨　珺　王慧雅　张栩彤

纪录片编导组：刘卫国　刘占国　刘立钢　孙秀峰　吴静姣　张建中
　　　　　　　贾　娟　高　天　郭　鹏　郭奎永（按姓氏笔画排序）

百年巨匠
Century Masters

陶行知

陈宏　曾丹　郭鹏
◎ 编著

陶行知／力争 作

金错刀·陶行知

云布雨,
水生萍,
陶公最是解知行。
凛然正气视生死,
俯首育民化巨星。
教学做,
沐春风,
生活自有马奔腾。
清贫不带半根草,
书卷长衫立如松。

凯文 词

宣传巨匠推广大师 为时代树立标杆

蔡武

原文化部部长 《百年巨匠》总顾问

文化精品创作工程包括重大出版工程、影视精品工程。《百年巨匠》就是跨界融合的一个重大文化工程，它深具创意，立意高远，选题准确、全面，极富特色，内容精彩纷呈，内涵博大精深，基本涵盖了我国20世纪这一特定历史时期在文学艺术方面的成就及其代表人物。它讲述的不仅仅是各位巨匠的传奇人生，更是他们的文学艺术成就同民族、国家，同历史、文化，同当代世界，同20世纪风云激荡的年代，以及同人民的命运都是紧密相连的。他们的成就对整个社会产生了重要而深远的影响。因此，立足21世纪的当今，系统全面科学解读巨匠人生与大师艺术，有着特殊而积极的意义，是社会和时代的要求。

作为一个有影响力的文化品牌，《百年巨匠》的表现形式也是多样的。《百年巨匠》丛书和纪录片互动互补，是出版界与影视界的跨界合作与融合发展，形成了叠加影响和联动效应，进一步丰富和扩大了品牌的内涵和外延。在信息社会"四屏"时代，用这样的一种方式来表达重大深刻的主题，具有重大的创新意义，是对中华优秀文化传承发展进行创造性转化、创新性发展的成功探索。体现出强烈的历史感、时代性、民族性，具有鲜明的中国特色，必将产生深远的影响。

一个民族自立于世界民族之林，离不开民族的自信心与自尊心。而民族的自信心和自尊心有其思想基础和人文轨迹，即对民族文化的重要代表人物和优秀传统应当有比较全面的了解并进行广泛传播。一个国家的历史需要记录，文化艺术同样如此。《百年巨匠》丛书秉承文献性、真实性、生动性原则，客观还原大师原貌，以更为宏阔的历史维度对大师们所经历的时代给予不同视角的再现和解读，为读者开启一扇连接20世纪中国近现代文化艺术史的大门。

巨匠们的艺术成就、人生经历、精神高度，彰显了中华民族文化在这个时代所能达到的高度，不仅有文学艺术上和文化史上的价值，而且有人文思想美学上的划时代性贡献。《百年巨匠》可以增强我们的文化自信和实现中华民族伟大复兴的意志。

《百年巨匠》还有一个重要意义，它能够激励我们后来人砥砺奋进，勇攀高峰。这些文化艺术巨匠有着深厚的爱国情怀和强烈的民族责任感，他们将个人荣辱兴衰与国家、民族命运联系起来，用文化艺术去改变现实，实现理想。在新旧道德剧烈冲撞中，他们所表现出来的高风亮节是后来人的楷模。他们所传导出的强大正能量，会激励一代又一代广大读者，对促进我们整个民族新一代的教育与成长，有着非常重要的启迪意义。他们的精神是引领和鼓舞我们再出发的航标与风帆。

《百年巨匠》也给了我们很多的启示，可以帮助我们回答和破解"钱学森之问"。20世纪产生了那么多的大师，新世纪、新时期我们应该如何助推产生出新的大师？这些巨匠的成长轨迹给我们揭示了大师们成长的规律，如要深具家国情怀，要胸怀高远理想；要深深扎根于人民，与人民同呼吸共命运；既继承民族优秀传统文化，又要勇于创新；并以非常包容的心态去拥抱一切文明成果等。

《百年巨匠》仅反映了20世纪百年的文化形态和人文生态，我们应该把这个事业延续下去，面向21世纪。对艺术大师的发掘是通过他们的作品来体现的，而他们的作品既是中华文化的传承，又进一步丰富、创新了中华文化的构成。从这个意义上讲，宣传这些艺术巨匠就是弘扬中华文化。这些艺术巨匠作为中国名片，拥有较强的国际影响力，这一工程的推进，可以有效推动中华文化和中国出版走出去。不仅仅局限于艺术领域，还可以从广度上、外延上扩大至整个文化领域，甚至把科技、教育等领域的巨匠们也挖掘展示出来。

一个国家文化事业的繁荣与发展，既需要广大艺术家的努力，也需要大师巨匠的引领。宣传巨匠，推广大师，为时代树立标杆，无疑是我们责无旁贷的历史责任。巨匠之所以是巨匠，大师之所以能成为大师，是因为他们以具有强烈时代感和创新精神的作品站在了巅峰。而他们巨作的背后，是令人钦佩的工匠精神，这种工匠精神的发掘和弘扬在当下具有重要的现实意义。同时，这百年的文学艺术史已有的众多成果，从学术上也要系统总结。而长期以来一直困扰我们的一大难题，就是如何把这些重要的学术研究成果进行转化和再创造，使之成为可被大众接受、雅俗共赏的精品佳作。从这个意义上讲，《百年巨匠》丛书的出版也是非常值得赞许的。

当前，我们的文化艺术事业虽然取得了长足的进步，但是相对于时代的重任，人民的厚望，尚有作品趋势跟风、原创性匮乏、模仿严重等问题，希冀大家在《百年巨匠》作品中得到更多的启迪和感悟。

我们国家正处在重要的历史时期，为我们文艺创作提供了丰沃的土壤和广阔的空间。中华民族的伟大复兴，呼唤一切有为的文艺工作者，为繁荣中国特色社会主义文化、建设社会主义文化强国，奉献毕生的才华和创作热情，将高度的社会责任感和历史使命感化作文艺创作的巨大动力，创作出无愧于时代、无愧于祖国和人民的优秀文艺作品，让我们这个时代的文艺创作异彩纷呈，光耀世界。

弦歌不辍 薪火相传

——《百年巨匠·教育体育篇》丛书序

袁小平

中国教育电视台台长
中国广播电视社会组织联合会副会长

如果说文明是一条奔流不息的大河，那么教育就是文明的河床。国人对教育的重视与五千年文明史相伴始终，从春秋时期的诸子百家到顾炎武、王夫之等近代学者，教育先贤们构筑起中国古代独具特色的思想教育体系，在一次次选择和传承中，对社会和文化发展产生了深远影响。

教育不仅在选择和传递文化，同时也在创造和更新文化。近代以来，中国的教育家群体一直面临两个不容回避的问题：一是如何适应世界教育发展趋势，服务于"教育救国"需要，建立近代意义上的教育体系；二是如何保持教育的民族性，建立中国化的现代教育体系。

面对时代赋予的重任，蔡元培、张伯苓、陶行知、蒋南翔、吴玉章、马约翰、叶圣陶等教育大家各抒己见，创造出中国近现代教育一个百家争鸣的开端：蔡元培的"思想自由、兼容并包"、张伯苓的"允公允能，日新月异"、陶行知的"生活即教育，教育即生活"、黄炎培的"大职业教育主义"、蒋南翔的"为祖国健康工作五十年"……

　　这些主张有的直指"读书只为考取功名"的传统功利思想，有的努力破除知识只被少数人掌握的藩篱，有的激励救国热情，有的深刻影响着中国体育教育发展……他们在国家蒙辱、人民蒙难、文明蒙尘的至暗时刻，写下中国教育由传统向现代转型的开篇，照亮了中国教育的前行方向。时至今日，我们仍能看见这些教育思想流淌在小学、中学、大学的课堂内外，流淌在办学模式、管理体制、保障机制等方方面面，流淌在国人对教育的美好愿景中，为建设高质量教育体系、发展素质教育、促进教育公平输送着源源不断的灵感。

　　世界正面临百年未有之大变局。当我们又一次站在历史的十字路口，新时代新征程的使命任务促使我们去思考，培养什么人、怎样培养人、为谁培养人。而对于每一个关心教育领域、渴望获得教育亦或躬耕教育事业的人，教育先贤们简单的一句话，或是简短的一个故事，都可能成为我们与历史和时代共鸣的契机。

　　社会变迁、文明转型带来了日新月异的变化，也给教育带来了更大挑战。即使是在今天，中国已经建成了世界上规模最大的教育体系，也不得不承认仍有许多问题需要去回答、去实践。正因为如此，回望来路才显得格外富有意义。

　　诚然，世界上没有可以奉为圭臬的金科玉律，丰富的教育遗产也需要客观评估，取其精华，创造性地继承和使用。但可以肯定的是，蔡元培、张伯苓、蒋南翔、吴玉章、陶行知等教育先贤们的精神和他们把个人教育理想融入民族历史进程的实践，足以激励后来者不断向前，以无限智慧和勇气直面今天教育发展中的诸多问题。

投身教育事业的人众多，为何他们能称为巨匠？不仅在于他们在教育现代化转型中拓荒先行，也不仅在于他们的教育思想仍然熠熠生辉，还在于他们身上"心有家国情怀、肩挑国家责任"的教育风范仍然山高水长。

为深入贯彻落实习近平总书记关于教育家精神的重要讲话精神，中国教育电视台联合中国文学艺术界联合会、中国文学艺术基金会、百年巨匠（北京）文化传播有限公司，策划制作了弘扬教育家精神的大型人物传记纪录片《百年巨匠·教育体育篇》。该片于2024年全国两会期间，从3月4日起在中国教育电视台晚间黄金时段重点播出，其后陆续在学习强国、中央广播电视总台等主流媒体播出。

纪录片《百年巨匠·教育体育篇》，讲述蔡元培、陶行知、黄炎培、吴玉章、叶圣陶、马约翰、蒋南翔、董守义等著名教育家（含体育教育家）的生平事迹、教育活动、教育思想、教育贡献、历史影响，以及对今天的启示，展示他们"学为人师，行为世范"的教育情操和人格魅力，讴歌他们教育救国、教育强国的家国情怀和理想信念。

本着对先辈的敬重和对历史的尊重，摄制组在拍摄之初就提出了"见人、见事、见物"的创作理念。制作团队走访了世界各地与纪录片《百年巨匠·教育体育篇》中人物有关的众多红色遗址、旧址及纪念设施，深入拍摄名师巨匠的故居、纪念馆，还专程拜访了相关的历史专家、研究员、亲历者，以及大师们的亲属和后人，通过实地走访与口述历史等方式，挖掘出大量具有生活温度、情感浓度以及思想深度的史料细节，并通过多种渠道拍摄、收集和整理了大量的文献资料、遗物、遗存。很多首度揭秘的珍贵历史档案，不仅让观众知晓了许多此前不为人知的历史细节，这些不为人知的幕后付出，也让这段历史故事不再只是一堆冷冰冰的资料，而是有了超越文学书籍和虚构影视作品的感染力与震撼力。由马约翰先生的夫人亲手缝制的西南联大唯一的一面校旗，仍然珍藏在西南联大博物馆中，诉说着中国高等教育史上西南联大八年扎根边疆、学术报国的历史往事。

与目前反映教育家的多数作品不同的是，纪录片《百年巨匠·教育体育篇》注重讴歌对新中国高等教育作出重大探索和重要贡献的红色教育家，如吴玉章、蒋南翔等。第九届全国人大常委会副委员长彭珮云同志，在接受节目组采访时深情回忆："1953年，清华大学实施由蒋南翔先生提出建立的政治辅导员制度，并选出了25人担任政治辅导员。他们和学生同吃、同住、同学习，负责班级的日常思想政治工作和党团组织建设工作，这样既有利于密切联系学生，深入开展思想政治工作，引导学生努力做到'又红又专'，又为国家培养和输送了一批'又红又专'双肩挑的干部，南翔同志曾对他们说，年轻的时候做些思想政治工作，学些马列主义理论，将对终身有益。"曾任全国政协副主席的郝建秀曾回忆道："吴玉章校长给了我很多指导和帮助，他把我邀请到家中，专门做了重点辅导。"很多年后，当郝建秀一步步走上纺织工业部副部长、国家计划委员会副主任、全国政协副主席的岗位，这一段火热的求学时光无疑为一名年轻的纺织女工成长为共和国纺织工业的领导者铸造了坚实的教育之基。

教育乃"国之大者"。中国教育电视台作为唯一的国家级专业教育传媒平台，作为中国式现代化历史进程和中华民族现代文明建设的记录者、传承者、弘扬者，肩负着提高国民教育文化素质、促进广大青少年健康成长的使命。我们希望与其他合作机构一起让《百年巨匠·教育体育篇》能够成为一扇窗口，以有限的文字与影像，尽最大努力向世人展示教育大家们丰富的精神思想遗产。

故结此集，与读者共享共思。

重塑巨匠形象 重温巨匠精神

——《百年巨匠·教育体育篇》丛书出版说明

陈宏

《百年巨匠·教育体育篇》总编导

《百年巨匠·教育体育篇》丛书根据同名人物传记类纪录片拓展编著而成，目前正式推出关于蔡元培、陶行知、黄炎培、吴玉章、叶圣陶、马约翰、蒋南翔、张伯苓、董守义九位著名教育家（含体育教育家）的作品，讲述他们的生平事迹、教育活动、教育思想、教育贡献、历史影响以及对今天的启示，展示他们"学为人师，行为世范"的教育情操和人格魅力，讴歌他们教育救国、教育强国的家国情怀和理想信念。

一、背景意义

教育乃"国之大者"。教育在国家富强、民族振兴和社会发展中具有基础性地位；师者乃人类灵魂之工程师，承载着传播知识、播种文明和培根铸魂、塑造新人之时代重任。回望过去的一百年，特别是上个世纪的上半叶，教育在改造社会、教师在重塑国民的伟大社会革命实践中发挥了基础性和先导性作用。习近平总书记曾指出，教师是人类历史上最古老的职业之一，也是最伟大、最神圣的职业之一。在古代，孔子被推崇为"大成至圣先师"，被誉为"万世师表"。在中华民族文明发展史上,特别是在近现代百年来中国教育事业发展的历史进程中,英雄辈出,大师荟萃,涌现出许许多多辛勤耕耘、涉猎广博、造诣精深的"大师级"教育家,不同程度地推动了中国社会历史的发展。随着岁月的流逝,如何将他们的教育实践、教育思想、教育成果、大师精神保存和传承下去,构建系统丰富的中国教育名家大师的教育人生档案和思想精神宝库,并使之成为滋养广大青少年的精神文化财富,是一项具有重要意义的文化教育工程。鉴于此,中国文学艺术界联合会、中国文学艺术基金会、中国教育电视台与百年巨匠(北京)文化传播有限公司携手联合相关单位及机构,勇担历史赋予的责任和使命,组织教育领域和影视领域相关专家学者,站在继承和丰富中国传统教育文化的历史高度,汲取国际先进教育理念,共同策划制作播出了大型教育(含体育教育)题材人物传记类纪录片《百年巨匠·教育体育篇》,获得了中国电视金鹰奖等十余个奖项,在社会上引起广泛反响。重塑大师形象,重温大师精神。这套丛书就是基于该部大型系列纪录片的基本视角、基本结构、基本内容、基本理念,从百年巨匠的维度,用习近平新时代中国特色社会主义思想以及习近平总书记关于教育的重要讲话精神为指导来解读中国著名教育家(含体育教育家)的人物传记作品。

高山仰止,金鉴万代。用纪实美学的方式编著在教育界有重大影响、有卓越成就的名家大师,激活、唤醒、重塑他们的人文情怀、爱国精神和理想信念,具有重要的历史文献价值和社会时代价值。这是中国教育事业发展变迁的历史见证,是无数教育人智慧与汗水的结晶,是给后辈留下的珍贵遗产,也是展示国家民族文明进步的窗口。这些资源可以为校园思想政治教育提供珍贵的教材教案，可以为新时代造就有品德、有品格、有品位的"大先生"提供宝贵借鉴，可以为培养中华民族伟大复兴栋梁之材提供精神滋养。

二、编著原则

总的来说，《百年巨匠·教育体育篇》丛书脱胎于大型系列纪录片《百年巨匠》，因此，这套丛书首先要处理好承继性。电视纪录片《百年巨匠》及其各系列同名书籍由若干篇章构成，像建筑篇、艺术篇、音乐篇等等，这些作品在出品方的要求下，已经形成了统一的风格样式，因此本系列丛书在大的纪实风格样式上不去打破。其次是要坚持创新性。有继承，也应有创新。不同系列作品一波又一波的主创团队在尊重《百年巨匠》基本风格样式的基础上，又不同程度地加入了自己的创见。而且《百年巨匠》创作已逾十年，过去的十年和新的征程，既有历史的连续性，又有新的时代特征，创作者理应紧密把握时代发展大势和教育发展趋势，创作出回应时代关切的作品来。本系列的创新主要体现在"致广大而尽精微"：视野更加深远辽阔，观照中国历史和人类世界的教育大师和教育思想；谱写更加精准细腻，在教育强国、科技强国、数字中国、职业教育等领域发挥人物传记讲好中国故事、传播好中国声音的独特价值，使《百年巨匠》品质达到新高度。

具体来说遵循以下原则：

一是教育视角。丛书讲述的教育家（含体育教育家），他们大多具有多重身份，但这里主要讲述其教育身份的这一面，侧重从教育角度讲述他们的教育历程、教育理念和教育贡献，并从中勾勒出鲜明的性格特征，凸显其卓越的人格魅力、崇高的精神情操及深沉的家国情怀。对其教育身份产生重要影响的其他事迹也稍有涉及。

二是当代视角。任何历史都是当代史。充分运用最新前沿研究成果，挖掘和披露新的史料，用当代视角解读诠释这些教育家，力争在一定程度上填补历史空白，努力使该书对当下教育有启发；建立与当下生活的连接，注重引发年轻人的共情，用他们的教育情怀和精神情操引领、滋养今天的教育工作者和广大青少年学生。

三是准确权威。因为是在为国家民族巨匠画像，作品中的史料、提法、评述力求准确，经得起当下的和历史的检验。对转述其他专家评价，包括采访其亲属和身边工作人员的提法也力求翔实，避免对大师过分拔高，在定性表述上谨慎用词，并对别的文献中使用过的"之父、奠基者、开创者、唯一"提法，慎之又慎，多方考证再用。

三、创作风格

丛书采用人物传记体，进行具有创新性的纪实美学表达。每册统一体例，内容包括引子和主体故事，其中主体故事由若干小故事构成，形成有张力、有冲突、有温度、有思想韵味的人物传记。

将大师的个体人物历史融进国家史、民族史、教育史中，紧密联系当时的历史背景和时代特征，讲好家教与中国传统文化、传统教育以及国际教育理念的关系，增加文本的底蕴与厚度，着力表现他们在波澜壮阔的历史潮流中,献身于国家与民族的伟大情怀和创造精神。

聚焦大师人生历程的几个转折点,通过故事化、传奇性的叙述展现人物跌宕起伏的命运史诗。人物创作如果把握不好很容易沦为生平事迹的流水账式介绍,类似人物的"日记体"、年谱,同时,也不能变成艰深晦涩的学术罗列。要讲好故事,必须挖掘其人生历程中的人物命运感,凸显其悬念、冲突、戏剧性。当然,只讲故事不带出理念,也会使作品失去高度和特色。本书努力将理念寓于故事中,并使其成为推动故事进展的内在逻辑力量。

用艺术展示学术。坚持"用形象演绎逻辑、用艺术展示学术、用故事阐释言论、用客观表达主观"的原则,努力把隐形化、基因化、碎片化的学术观点、历史资料变成具象化、故事化的表达。以润物细无声的方式,将学术观点渗透到大量史料和感人的故事中,做到艺术性和学术性的有机统一:无生搬硬套之嫌,有水到渠成之妙。

人物生活化。改变对大师"高大全"形象的塑造,而是再现一个更加人性化、生活化的有血有肉的大师形象。力求将大师伟大的人格与细腻的情感统一在故事中,用以小见大、由近及远的表现形式梳理人生,展现大师的教育实践、人格魅力,让大师的故事更加贴近生活、贴近历史,在波澜壮阔的历史洪流中彰显大师的家国情怀与教育贡献,努力追求作品既反映历史真相又记录时代进程,使其具有较强的文献传承性、历史厚重感和时代感召力。

特别要说明的是,研究这九位大师的九位著名学者,他们既是同名纪录片的学术撰稿人,也是本系列丛书的学术指导。他们以专业的学术见地和学术态度为丛书贡献了甚至毕生的研究成果,其中中国教育科学研究院的储朝晖研究员作为本系列丛书学术专家的组织协调者付出了更多心血;同名纪录片的编导主创团队也为本书提供了大量一手采访素材,包括收集到的多种文献资料;九位大师的家人、亲友,同事、学生等,深情讲述了他们的故事,也为本书提供了若干史料。是大家共同谱写了九位大师的人生故事,共同奏响了九位大师的命运交响曲,在此一并表达谢意!还要感谢外文出版社的大力支持,感谢胡开敏社长的热情指导,感谢蔡莉莉主任高度的责任感和辛勤付出,使本系列丛书得以顺利付梓!

目 录

引　子　　　　　　　　　　　　　　　　　　　／ 1
第一章　好学的"小和尚"　　　　　　　　　　　／ 7
第二章　西学启蒙　　　　　　　　　　　　　　／ 15
第三章　金陵大学　　　　　　　　　　　　　　／ 23
第四章　五十美元留学生　　　　　　　　　　　／ 35
第五章　圆梦哥伦比亚大学　　　　　　　　　　／ 43
第六章　教育生涯从南京高师开始　　　　　　　／ 55
第七章　新文化，新教育　　　　　　　　　　　／ 69
第八章　"自明""明他""他明"　　　　　　　　／ 77
第九章　中华教育改进社　　　　　　　　　　　／ 87
第十章　平民教育进万家　　　　　　　　　　　／ 95
第十一章　探路乡村教育　　　　　　　　　　　／ 103
第十二章　牛棚校长　　　　　　　　　　　　　／ 111
第十三章　教学做合一　　　　　　　　　　　　／ 123
第十四章　晓庄时代　　　　　　　　　　　　　／ 133
第十五章　封不了的晓庄　　　　　　　　　　　／ 149

第十六章 "科学下嫁" / 157

第十七章 山海工学团 / 165

第十八章 中国的民意外交家 / 185

第十九章 "回国三愿"创育才 / 193

第二十章 山穷水尽疑无路 / 205

第二十一章 民主教育的战场 / 219

第二十二章 捧着一颗心来，不带半根草去 / 229

参考书目 / 241

编导手记 / 243

引子

陶行知先生

引子

2023年的4月,南京迎来了又一场春雨,位于南京北郊劳山脚下的南京晓庄学院师德教育馆里,来往的人络绎不绝。

九十多年前的一个春天,陶行知脱下西装革履,穿上布衣草鞋,来到南京城外的晓庄创办了这所晓庄学校,他带着教育兴国的宏愿,投身于人民教育当中,终其一生为中国教育寻觅曙光。"捧着一颗心来,不带半根草去",陶行知的这句简单却炽热的话穿越近百年时光,感染了一代又一代教育工作者,鼓舞着他们在教育之路上无私奉献,一心教学。

在纪念陶行知先生诞辰130周年之际,南京晓庄学院师德教育馆正式开馆。如今,这座师德教育馆已是全国各地许多学校的教师和师范生入职、入学的第一课堂。

2023年4月25日这天,一批教育工作者来到师德教育馆,他们站在陶行知雕像面前,许下铮铮誓言:"我是一名人民教师,我庄严宣誓:忠诚人民教育事业,依法治教,教书育人,为祖国培养优秀人才,为人类社会的文明进步而奋斗终身。"

这座雕像高3.6米,塑造出的陶行知左手持书,身姿微微前倾,仿佛正在讲述着"生活即教育""社会即学校""教学做合一"的教育思想。他的思想理念浸润着中国的教育沃土,孕育着新时代的教育新思想,结出了丰硕多元的教育成果。他的思想精神不仅在无数教育工作者心里扎根,还影响着一批又一批青年学子。

毛钰涛毕业于陶行知创办的重庆育才中学，他至今仍然铭记着学校的校训"求知、乐群、行知、创造"。求知便是汲取知识；乐群就是不论自己身在何处，都要和身边的伙伴们团结友爱，一起奋斗，一起挑战，共同进步；行知就是要把知识学以致用；创造，就是在已知的基础上，去探索更多的未知，拓展出更多的新知，把无数的可能变为现实。

中学毕业后的毛钰涛跟随陶行知当年的求学脚步考入了哥伦比亚大学，与老校长陶行知成了校友。

青铜制成的巨大女神塑像Alma Mater是进驻哥大校园的第一个雕像，Alma Mater一词源于拉丁语，意为"哺育的母亲"。女神右手持一根王杖，王杖顶端由四粒麦穗拱托着一顶王冠，一本满载知识的书翻开后放置在Alma Mater的腿上。她长裙及地，坐在庄严的王座上，双臂向外伸展，欢迎着无数校园宾客和学生的到来。

陶行知曾在哥伦比亚大学的Alma Mater雕像面前思考过，怎样才能把他学到的知识回馈给中国的孩子们。如今，毛钰涛坐在同一个台阶上，与百年前的陶行知先生进行了一场微妙的跨时空共情，思考着如何将他学到的知识，带回祖国，传递给更多的人，发挥更大的价值。

美国哥伦比亚大学中国教育研究中心研究员陈若浩当年在广东外贸大学读英语教育，他在本科的时候就读了陶行知的书，他当时就有一个想法，以后想去陶行知读书的地方学习。大学毕业后，陈若浩如愿考入了哥伦比亚大学，在哥大教育学院攻读硕士和博士。陈若浩在校学习的那几年明显感受到了陶行知对中国留学生的影响，陶行知在1916年时跟胡适、蒋梦麟、孙科等人一起创建了中国留学生学生会，一百年前成立的这个留学生组织，一直延续到了现在，这也让每一个中国留学生都倍感骄傲和亲切。

2023年，陈若浩被选为哥大教育学院毕业生演讲者，他面对来自全球各地专家教授以及师生，怀着一份责任感和使命感走上了讲台，分享着他最想让世界听到的事："我作为一个当代的留学生，或当代的中国学生，有这么一个使命感，我们以前出现了很多教育大家，我作为一个哥大的毕业生，也可以让自己在这种舞台上去展现我们中国的文化，传递我们良好的传统，良好的风貌，让更多人知道我们中国学生，也让我们更多中国学生可以把在国外学到的好的教育精神，还有知识，传递回中国，我相信以后这个地方可能会出现更多的教育大家，也是向我们的大前辈陶行知致敬。"

为了纪念陶行知到美国哥伦比亚大学就读100周年以及陶行知逝世70周年，美国龙峰文化基金会、美国中美友好协会、陶行知研究会、陶行知学院给哥伦比亚大学联合捐赠了陶行知的铜像，捐赠的揭幕仪式就在哥伦比亚大学东亚图书馆举行。

这尊铜像由陶行知的孙女陶铮亲自送到哥伦比亚大学，陶铮在一次采访中感触颇深地说："我觉得100年以后作为陶行知的亲孙女能够为纪念陶行知把这个铜像送到哥伦比亚大学东亚图书馆，这件事情是非常有意义的，陶行知是属于中国的，也是属于世界的。"

百年前，陶行知在这里学习世界先进的教育思想和理念，现在，他的铜像回到了这所学校，他神情肃穆而持重，目光深邃，仿佛在思索，又仿佛在用一种无形的方式以一名教育工作者的身份向世界讲述着他的教育故事。

百年巨匠 陶行知 Tao Xingzhi

第一章 好学的『小和尚』

八百里黄山，流淌出一条小河，这条河穿越崇山峻岭，流向东南方向的大海，人们希望她能承载丰收与快乐，为其取名丰乐河。丰乐河与练江相汇于安徽省歙县的徽州古城，出古城向西，过五里栏杆，就到了山清水秀、风景宜人的黄潭源村。

　　1891年，清光绪十七年，一名男婴降生在这个乡村。父亲陶位朝和母亲曹翠仂按照家谱为他取名"世昌"，因陶位朝的长女年纪尚轻就夭折了，陶家人丁不旺，陶父想让儿子受佛家庇佑，以求长命，就为他取了一个乳名叫"小和尚"，孩子小时候一直剃光头，街坊邻里也都叫他"小和尚"。这个"小和尚"正是后来推动中国教育变革的一代巨匠——陶行知。

黄潭源村

陶氏祖籍为浙江绍兴府会稽县的陶家堰，陶氏祖辈到歙县来任官后就举家迁徙到了安徽歙县。陶行知出生时，陶家早已家道中落，失去祖辈的荣光，以半农半商的方式生活在西乡五里栏杆七里头的黄潭源村。

黄潭源村有丰乐河环绕，竹木葱茏，这里人烟稀少，青山四季常青，显得清幽静雅，宁静祥和。陶氏家族在这里开垦田地、修筑草屋，陶家溯源更早的先祖陶渊明，便将三间草屋命名为"五柳堂"，草屋所在地称为"五柳巷"，一般也称之为"陶家巷"。

陶行知父亲陶位朝号槐卿，字筱山，为人敦厚，经营着家里的酱菜园维持生计。母亲曹翠仂勤俭持家，朴实善良，家里日子还算安逸，然而这份岁月静好没有持续太久。亨达官酱园由于经营不善，入不敷出，陶位朝家里的四兄弟闹着分家，最终陶家决定把酱菜园盘给了叔伯曹氏。

陶位朝回了黄潭源村，去耕种四亩祖业田，他也是个熟读诗书的文化人，曾在一所学校里当老师，后来他又找了一些账房工作和文字工作，用微薄的收入支撑起家里的吃穿用度，妻子曹翠仂也做一些浆洗缝补的活儿来补贴家用。陶家经济条件有限，陶行知幼时没有享受到优渥的物质生活，却在父母和身边师长的教导下有着富足的精神世界。

陶位朝熟读诗书，良好的古文功底在潜移默化间影响到了幼年的陶行知。陶行知曾在《我的学历及终身志愿》一文中回忆说："余生在徽州，此乃一鲜与外界交往之地，余早期汉学教育受业于家父及其他师长。"

父亲陶位朝正是他人生的第一任老师，陶位朝的毛笔小楷字写得十分漂亮。陶行知从小天资聪慧，勤奋好学。"小和尚"陶行知5岁时，父亲就开始在家里给他开课，教他读书写字。到了过年时，邻居家贴上了喜庆的春联，陶行知就常常拿着树枝在地上临摹春联上的字。

陶家交不起学费，陶行知就常常和同伴一起到附近旸村的私塾蒙童馆听秀才方庶咸讲课。方庶咸慧眼识英才，格外喜欢这个聪明的小男孩，想收他做学生。按照徽州的旧习，学童开蒙入学，要摆宴请酒，送启蒙老师束脩，这将是一笔不小的开支。陶家的经济条件难以支撑这些费用，方庶咸十分珍视陶行知这个好学的孩子，于是向陶父表明了意愿，同意免费收徒。

由此，6岁的陶行知得以正式进入蒙童馆，受教于方庶咸门下。陶行知进入学校后，跟随老师学习《三字经》《百家姓》《千字文》还有四书五经，开始了他的启蒙之学。

进入学馆读书的"小和尚"终于有了名字——陶文濬，"濬"有流畅之意，"文濬"在《书·舜典》中有濬哲文明之意。陶行知在入学后逐渐显露出记忆力强，悟性高的禀赋，越发受到方庶咸的喜爱。

不久之后，陶家遭遇了一场火灾，几间草屋被烧光了，7岁的陶行知只好离开蒙童馆，跟随全家一起去了休宁县万安镇，去投奔陶行知的外公外婆。他们一家人住在当地涨山铺的母舅家，陶位朝在镇上做册书的工作，掌管当地的田赋文书，还兼做了一些生意。家里的经济状态逐渐好转后，陶行知进入了镇上的经馆读书。

经馆就在离他外婆家不远的地方，馆里的塾师名叫吴尔宽，他曾在12岁中了秀才，后来屡试不第，就谢绝了功名，终生以授童坐馆为业。陶行知进入吴尔宽家的经馆后，开始了五年的伴读生涯。

陶行知在吴尔宽门下勤学苦读，十分用功，打下了深厚的古典文学基础，他的诗文格外出众。陶行知曾在三刻钟内就能熟读并背诵《左传》四十三行，有着过目不忘的记忆力，天资聪慧的他也逐渐成了街坊乡邻口中的小神童。

在一次课堂上，吴尔宽讲道："孟子的学生曾向老师提出一个问题，如果舜的父亲杀了人怎么办？孟子说，那么舜可以不当天子，偷偷背着父亲逃跑，终身孝敬他。这就是说百善孝为先，我们作为人，任何时候都不能做出不孝的事；只有人人都遵守了孝道，这个世界才有秩序。"

陶行知则反问道："请问先生，如果普天下的杀人犯都被自己的儿子藏起来，如果普天下的首领都像舜那么自私，国家还能治理好吗？国家岂不是要乱套了？那样哪有秩序可言呢？看来孟子回答学生的话是不对的。"

"孟子是亚圣，这是没有争议的！"吴尔宽竟然一时语塞，作出了这句应答。

陶行知继续追问："先生，如果大家都按照孟圣人的话去做，那现在不还是春秋战国吗？"

吴尔宽惊讶地看着陶行知，半天没有说话，最后只是连连自语："童心可鉴，童心可鉴，后生可畏啊。"

1902年，在陶行知11岁这一年，父亲失去了工作，染上了鸦片瘾，体力逐渐衰退。在随后的三年时间里，家里经济日渐困难，再也无力支撑陶行知的学费，一家人不得不重返故里黄潭源村。陶行知失学在家，却不失一颗求学上进的心，他在如此艰难的条件下，仍然坚持一边劳作一边自学。

当时，歙县有一位学问极好的贡生王藻老先生，王老先生在距村15里外的小南海航埠头的曹家任教，他是晚清的贡生，道德文章在当地颇有盛誉。陶行知常常慕名来到曹家经馆登门求教，平时五六天去一次，来回30里全靠步行，途中还要翻山越岭，若是遇到雨雪天，不能在家劳作，他就天天跑去经馆旁听。

一个风雪天，陶行知匆匆赶到了经馆，可惜王先生已经开始讲课，他不敢打扰先生，就一直站在门外。一两个小时后，王先生才瞥见门口满身覆雪的陶行知，古有"程门立雪"的典故，如今王先生却在陶行知身上看到了"王门立雪"的故事，他对这位勤奋的学子既感动又疼惜。

陶行知曾向王先生求问："春秋战国期间，列国充满了斗争。子为什么弑父？兄为何要杀弟？诸侯为何又互相开战？"

王先生说："人生大罪过，只在自私自利四字。古人说，人人营私，则天下大乱。你要切记：利于国者爱之，害于国者恶之！"

陶行知牢记着王先生的教诲，在五年的经馆学习中，陶行知受益良多，初步形成了一些是非观和家国思想，也打下了一定的国学基础。

陶位朝推崇洋务运动，曾在洋务运动中认识了一个名叫章觉甫的翻译，两人很快成了好友。章觉甫是教堂通事，他后来帮忙介绍陶位朝的妻子曹翠仂到教堂帮佣，做些烧饭的杂事。

1905年，朝廷废止了科举制度，开始在全国大范围推广新式学堂。陶母工作的教堂也建起一所新式学堂——徽州中西蒙学堂，即后来的崇一学堂。

陶行知跟随父亲进城卖完柴和菜后，常到教堂为母亲分担杂活儿，他干活儿之余还要阅读背诵诗文古籍。这个勤勉好学、才思敏捷的少年很快引起了崇一学堂校长、英国传教士唐进贤的注意。

陶行知的孝顺、坚毅和勤学让唐进贤感动，唐进贤由此做出了一个改变陶行知一生的决定,他免除了陶行知的学费,让他成为了崇一学堂的正式学生。陶行知走进崇一学堂的这一步,也成为了他人生道路上至关重要的一步,这所新式学堂为这个励志少年打开了一个全新的世界。

百年巨匠

陶行知

Tao Xingzhi

第二章

西学启蒙

1905年，15岁的陶行知进入了歙县城内小北街的新式学堂，从四书五经的世界里走进了英文数算的新天地，开始在崇一学堂接受现代教育。崇一学堂是一幢三间二进的清代砖木结构楼房，唐进贤夫妇和教师都住在里面。这所教会学校的学生只有18人，而它开设的课程却多达十几门，包含了国文、英语、数学、理化、医药常识、音乐、体操等课程，人文、科学、艺术差不多齐备了。

  学堂的所有课程皆由包括校长在内的5位教师讲授，陶行知很快就在这些新学课程里大开了眼界，他除了学习国文、历史之外，还研

崇一学堂

读英文、数理化和医药知识。他在接触西学的过程中，更为清醒地看到了中西方的差距。

陶行知迷恋唐诗，他曾向同学汪采白的父亲借来一本《唐诗三百首》，他将整本书抄录后，常常如痴如醉地吟诵。还书的时候汪父问他，喜欢什么唐诗？陶行知就用当地的方言说"白杜"，汪父惊诧反问："你看了那么长时间，怎么能白读？"

陶行知所说的"白"是白居易，"杜"是杜甫，白居易和杜甫为社会底层发声，是心怀天下的现实主义诗人，陶行知对二人的崇敬也折射出他青年时期的为民思想和远大的志向。

陶行知曾少年立志，在四人合住的宿舍的墙上写下了17个大字："我是一个中国人，要为中国作出一些贡献。"

章觉甫也是崇一学堂的教师，教授医学，他的儿子就在崇一学堂上学。章觉甫对陶行知非常爱护，他见陶行知每天上学要来回奔波，很是辛苦，就免费让陶行知在自己家里搭伙，还与自己的儿子住在一起。陶行知对章觉甫一直十分崇敬。

崇一学堂原本为三年学制，陶行知和他的同学在两年的时间里修完了三年的课程，一起提前毕了业。唐进贤因急于回英国处理事务，学堂也随之停办了。陶行知离开崇一学堂时，已在这里萌生了报效国家的信念，可以说崇一学堂的学习经历初步奠定了陶行知的人生观和世界观。

尚未启程的唐进贤关切地询问了陶行知的打算，陶行知袒露了他想学医的志向，一是出于对老师章觉甫的敬佩，想成为他这样精通医学，治病救人的人。二是想到了自己的姐姐陶宝珠，她在病痛的折磨中离开了人世，她的病故对年幼的陶行知影响极大，陶行知想要成为一个行医济世的人，解救更多像姐姐一样遭遇病痛却束手无策的人。

崇一学堂时期的陶行知

唐进贤知道陶行知家境贫寒，难以负担过多的学费，他就介绍陶行知报考了可以减免学费的教会大学——杭州广济医学堂。

陶行知去杭州赴考时，父亲对陶行知寄予了厚望，陶父拖着羸弱的身体亲自把他送到了水篮桥畔的码头。陶行知在1931年4月10日追念已故的父亲时，写下了一首《献诗》，诗中描述了父亲送别的场景，陶行知在诗序中说：

我十七岁之春，独自一人乘船赴杭学医，父亲躬自送到水蓝桥下船。回想初别情景，历历如在目前。今特追摄入诗，送别人竟不及见，思之泪落如雨。

《献诗》

古城岩下，水蓝桥边，三竿白日，

一个怀了无穷希望的伤心人，

眼里放出悲壮的光芒，
向船尾直射在他的儿子的面上，
望到水、山、天合成一张大嘴，
隐隐约约的把个帆影儿都吞没了，
才慢慢的转回家去。
我要问芳草上的露水，
何处能寻得当年的泪珠？

后来，陶行知抱定"行医济世"理想，成功考入了杭州广济医学堂。17岁的他离开了老家，从水蓝桥坐船去了杭州，开始了他的学医求学之路。

可惜他并没有如父亲所想的那样学有所成，他入学仅仅三天，就果断退学了。杭州广济医学堂明确表示只有接受洗礼的教徒，才能减免学费，非基督教徒的学生在课程选习、生活照顾等方面都不受优待。有些学生虽然据理力争，但也最终改变不了什么。

陶行知感受到了校方对非基督教徒的歧视，他纵然经济困难，也不愿为了减免学费而违心地做一名教徒。他对学校越发失望，入学仅三日就撤回了注册，选择了退学了。

陶行知在后来曾感慨过："生活，总会发生许多意想不到的事，假如不是杭州广济医学堂歧视不信基督教的学生，又假如我不撤回注册，那么，今天我或许已经是一个颇有经验的济世救人的医生了。"

回到徽州的陶行知专心自学了英文等知识，自此以后，他与学医的理想渐行渐远，从未改变的是一颗兼济天下的心。

陶行知想起了在苏州的表兄张枝白，就去了一趟苏州，投靠表兄，他原本以为表兄在苏州应该过得很好，去了之后他才知道了表兄真实状况——表兄在绣花庄打工，做一些棉纺的工作，生活条件并不好，经济也十分困难。陶行知一时没了谋生的良策，和表兄一起过着典当衣服度日的艰难生活。

陶行知在苏州时竟然幸运地在街上偶遇了唐进贤，他在茫然困顿之时再次得到了唐进贤的指引，把目光投向六朝古都——南京。

百年巨匠 陶行知 Tao Xingzhi

第三章 金陵大学

南京"地连三楚，势控两江"，倚万里长江天堑，坐拥紫金、幕府等群山屏障，自三国东吴孙权在此建政以来，东晋、宋、齐、梁、陈都以南京为都会，被称为六朝古都，后南唐、明朝也定都南京，在明初时期设立的国子监，学生人数超过了15世纪时的英国牛津、剑桥和法国巴黎大学，是当时世界上规模最大的国立大学。"江南佳丽地，金陵帝王州"，千百年的人文欣荣让南京成为"人文荟萃、士林渊薮"之地，也屡屡成为南方的政治、经济、文化中心。

到了风雨飘摇的晚清时期，南京城里涌入了一批教会学校，美国教会中的美以美会在1888年创办了汇文书院，基督会在1891年创办了基督书院，长老会在1894年创办了益智书院，三个书院在南京城内三足鼎立。

汇文书院大学部设立了文科（博物馆）、理科（圣道馆）和医科（医学馆），另外设置了预科中学部，称为成美馆。1909年，陶行知在唐进贤的推荐下，考入了南京汇文书院中学部成美馆，在预科就读。

汇文书院最早建成的校舍是一座三层楼的洋房，又称钟楼。在清朝时期，南京的房屋都是矮小的平房，南京市民便把这座三层楼的建筑视为奇观。又因它是洋人所建，也称其为"三层楼洋行"。当年如果叫马车或人力车时，如果跟车夫说去汇文书院，不一定有人知道，但要说去三层楼洋行，则是无人不晓。后来，汇文书院陆续增建了礼拜堂、青年会堂、教室、宿舍，整个书院的主要建筑就有六座，十分气派。

在陶行知入学时,汇文书院已办学21年,大学部从1896年到1909年共有80名毕业学生,其中圣道馆11名,博物馆56人,医学馆13人(另有说法为11人)。就在陶行知完成了一年中学部的学业时,汇文书院就经历了一次改革蜕变。

20世纪初期,中国官办新式大学开始有所发展,政府在教育方面的竞争刺激了各大教会学校,他们担心官办学校会超过他们,许多著名的传教士开始主张联合书院,扩大规模,共同组建成名副其实的大学。

南京的汇文、基督、益智三大书院都是男生学校,办学宗旨和教学办法相同。益智书院的高年级在1906年与基督书院合并,更名为宏育书院。1909年秋,宏育书院并入汇文书院,成立了金陵大学,金陵大学的大学部设在汇文书院的院址,附中设在宏育书院的院址,小学设在益智书院的院址,三所合并的书院正式定名为金陵大学堂(The University of Nanking)。

陶行知完成了一年的预科学习后,直接升入了金陵大学,成为学校首届文科本科中的一名新生。

陶行知在学校里研读文科的同时,对理科知识的学习也没有松懈,是一位文理兼修的优等生。这所学校有较为成熟的教学制度,有前沿的科学知识,还有博学多才的教师,为学生们营造了一个很好的学习氛围和成长环境。

金陵大学堂里有藏书丰富的图书馆,陶行知时常穿梭在馆中,获取更多课外知识。当时,有一位明代哲学家的书深深吸引了陶行知,这位哲学家就是被誉为"心学"创始人的王阳明。

一些从日本回来的朋友告诉陶行知,王阳明的思想在日本很受关

金陵大学时期的陶行知

注,这对陶行知来说,是一种激励,他对王阳明的"知是行之始,行是知之成"的观点很感兴趣,想要践行王阳明的思想,还受其启发将自己的名字改为了"陶知行"。

他在1934年7月16日出版的《生活教育》第1卷第11期上发表了《行知行》一文,他在文中说道:"在二十三年前,我开始研究王学,信仰知行合一的道理,故取名知行。"

"陶知行"这一名字表现出了陶行知当年的思想认知,他把"知"放在"行"的前面,本质上还是强调行动的重要性,但行动不能是盲目的,必须要有"知"的"行",才是可"行"的。

然而不久之后,一个时代的巨变给了陶行知一次思想上的巨大冲击。1911年,陶行知还在读大二,辛亥革命的浪潮在全国骤然掀起。

10月10日,武昌起义爆发,革命党迅速掌控武汉,成立了湖北军政府,黎元洪就任都督,改国号为中华民国。此后的两月时间里,湖南、广东等15个省纷纷脱离清政府，宣布独立。11月8日，陶行知的老家徽州宣布独立。

武昌起义后，国内包括清华等众多学校都中断了教学，把学生放回了家。金陵大学也停止了正常的教学，陶行知也回到了家乡。徽州独立后，立即成立了议会，陶行知受聘在徽州府议会里做了半年左右的秘书工作。

陶行知和余德民、汪章瑞、程则裴等一些徽州青年人也想效仿武昌起义，计划搞一次武装起义。他们选定了屯溪阳湖的余家庄，在这个地方组织学生练习打枪，演练武装暴动。结果这个计划还没有来得及真正实施，就被政府制止了。

陶行知在这次武装起义的尝试中，认识到了自身力量的薄弱，他开始明白最有力量的武器，仍是知识，他在徽州议会任职不足半年，就回到金陵大学堂继续求学。不久之后，他开始以文字作武器投入到了思想革命的浪潮中。

当时的金陵大学堂有一个学生出版的刊物——*The University of Nanking Magazine*，这份学报创刊于1909年，由于当时学校风气十分闭塞，出版物并不多见。在这所教会大学里，陶行知对于学生们演说会只用英语、出版的刊物只有英文版很是不满和不甘。他想要扭转学校崇洋媚外的风气，让学生们重视国人自己的文化，他认为应该用中文去表达中国的声音，传递中国文化。

他和同学倡议演说会要"中英语并用，尤重国语"，而学生刊物应该增刊中文版，让大家在学报上表达国人的思想观点，他还想用中文把国外的先进思想文化翻译过来，让更多人可以借鉴学习。在陶行知的争取下，*The University of Nanking Magazine*开始有了中文版，取名为《金陵光》。

《金陵光》的中文报卷期仍然依照英文报的顺序，创刊号是第4卷第1期。1913年3月，《金陵光》中文版的第1期正式问世，陶行知在创刊号上发表了《增刊中文报之缘起》，阐明了创办中文版的初衷：

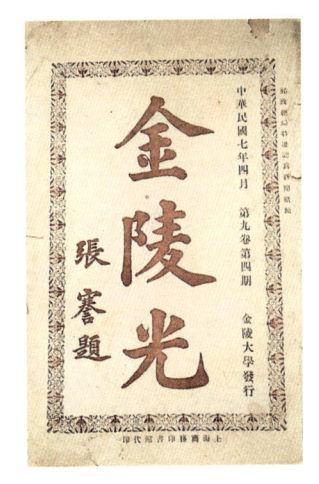

《金陵光》中文版杂志

自西学中输，新学派之醉心欧化，蔑视国文也，久矣。殊不知腐儒鄙弃西学，固属偏见；而新进蔑视国文，尤为忘本。夫国文之用，所以表示一国人之思想，记载一国人之行动，以互相传达，而特异于外人者也。故国界一日不消除，则国文一日必留存，未有有国而可弃其国文者也。国文有缺点，吾当补缀之；国文有窒塞，吾当贯通之；国文衰暗，则当改良之，光明之。其事实难，然吾辈青年学子所不可放释之责任也。同人有志于此。爰增刊中文报，以磨炼作国文之才，而唤起爱国文之心。能作能爱而后可言保存；能保能存而后可言光明。

诗云："他山之石，可以攻玉。"泰西学术，实高出吾人之上。何妨借人之长，以济己之短。然徒有英文学报，不过将我之所长彰之外人，而对于国内学子反不能尽其介绍之职，殊为憾事，故加入中文以承其乏。凡关于学校、学生，足为吾辈学子研究之助，本报即译之。虽才有未足，力有未逮，然泰山不让细尘也。

陶行知用激昂文字写下了一千多字的《金陵光》出版宣言，在开篇第一段就阐明了"光"字的深意：

> 学报奚以光名乎？曰：天地之大，万物之繁，吾人所恃以别上下、高低、大小、方圆、正斜、黑白、动静、美恶者，光而已矣！无光，则虽有天地万物，奚由辨别乎？学校之宏，学生之众，吾人所赖以知兴衰、进退、勇怯、智愚、贤不肖者，报而已矣！无报，则虽有学生学校，奚由表见乎？故光所以别天地万物之形，报所以彰学生学校之迹。报与光之功用既同，则名报为光，不亦宜乎？且吾人学业，必求进步；吾人进步，必期速捷。万物流行之速，孰有过于光者乎？风卷不足概，电溜莫能喻，瞬息万里，莫可纪极。吾愿以光流行之速率，为吾同学进步之速率；复以同学进步之速率，而为金陵大学进步之速率。光乎？进步乎？吾愿一言以祝之曰：学校与学生进步如流光。

陶行知还在宣言里把《金陵光》这份刊物比喻为"吾同学之公共日记"：

> 同学既有公共之日记，则固有之精神可以保存，已具之精华有所托属。其中之一举一止，一言一行，咸足以备他年之考据，以作来者之前鉴。虽事已陈，迹已藐，而此公共日记，直能闪烁其彩色，以至于无穷。

自《金陵光》中文版第一期出版以来，陶行知在报刊上发表文章，常用的署名便是他的新名"陶知行"，这本"同学公共日记"也在陶行知等人的大力推动下日渐丰富起来。

美国布道家艾迪博士来南京演讲，陶行知担任他的翻译，他将艾迪的演讲词整理后取名为《中华民国之将来》，发表在《金陵光》第4卷第2期上。陶行知在第4卷第3期上发表了《导引新生之倡议》和《因循篇》两篇文章，他通过《导引新生之倡议》一文中提到了新生被老生欺负而总会心生思亲之苦，倡议学校里的青年会帮助新生更好更快地了解学校生活，帮他们更好适应新的环境，融入新的集体，他还建议以开茶话会等方式加强与新生的交流，以此加深新老同学之间的友谊。

他在《因循篇》中呼吁"爱人爱国，尤不当因循"，而应该"易怯为勇，易惰为勤，易自满为不足，易自私为利人，易宴安为忧劳"。

5月，陶行知在第4卷第4期上发表了《为考试事敬告全国学子》，文章详述了暑期考期将至时，学生们"勤生多主乐观，惰生多主悲观"的心态。

> 然此二者，不足以尽将考时学子之态度也。夫畏辱思荣，荣益求荣，人之情也。彼惰者之自悲，吾无间焉。所惧者，彼既以惰而荒业，复不愿自居下风，谓美名可以幸邀，令誉可以幸取。因畏辱心而生侥幸心，复因侥幸心而生谲诈心者，比比然也。彼勤者之有荣，吾之悦也。所惧者，溺于虚名，不自满足，自量才智不如人，犹殚思竭虑，求有以达其冠军之目的。始于一念之贪，终于欺诈之行，此又学子考试时通常之态度也。

陶行知还在文章结尾警示道："今日不能止同学之欺行，安望他日除国家之秕政，革社会之恶俗乎？挽狂澜而息颓风，是所望于诸君之力行。"

9月时，大三的陶行知开始担任《金陵光》中文报主笔，使用"陶知行"这个名字在《金陵光》改版后的一年时间里,前前后后发表了20余篇文章,针砭时弊,抒发爱国之意。《金陵光》这份刊物在一所教会学校里,闪耀着启迪国民的爱国之光,传递出学子们深厚的家国情怀。

1914年4月,陶行知在《金陵光》第6卷第2期上发布了一则启事,他因即将毕业辞去了《金陵光》中文报主笔一职,职员公推张枝一接任主笔之位。这一期的《金陵光》仍然刊发了陶行知所写的《视神经上血管影之观察法》和《惠罗先生激励支哥大学体育会诸君赴吴米大学赛艺文共和精义》两篇文章。

陶行知从大三到大四毕业的这段时间里,在《金陵光》中文报上投入了大量心血,甚至毕业之后,他仍然关心着刊物的发展,还在继续投稿。他所写的内容涉及政治、社会、文化、教育,还包含了很多医学类的文章,影响了不少读者。

《共和精义》这篇文章是陶行知的毕业论文,为他的大学四年做了一个精彩的收尾。《共和精义》倡导民主共和,反对专制横威,提出"自由、平等、民胞,共和之三大信条也。共和之精神在是,共和之根本在是"。

文中以"共和主义重视个人之价值","共和主义唤醒个人之责任","共和主义予个人以平等之机会"这三点详细阐述了"共和主义对于个人之观念",同时论及了"共和主义对于社会之观念""共和主义对于政治之观念""共和之险象""共和与教育""共和与交通""共和与人文之进化""共和与秩序"。民主共和的观念贯穿全文,也表露出陶行知教育至上的思想倾向。

6月22日,金陵大学文科举行了毕业典礼,金陵大学堂作为教会学校,成立后便向美国纽约州教育局申请了备案,与中国政府没有行

1914年，金陵大学毕业合影，倒数第二排左一为陶行知

政上的关系。代理校长文怀恩在毕业典礼上颁发的文科学士学历是受美国纽约州立大学承认的文凭。

金陵大学这一届毕业生共有20人，其中文科生10人，医科生10人。陶行知最终以第一名的成绩毕业于金陵大学的文科哲学心理系。

他作为这一届的优秀毕业生的代表，在毕业典礼上宣读了他的毕业论文《共和精义》，他在这篇阐述民主共和思想的论文中，提到了"共和与教育"：

> 吾于共和之险象，既已详言之矣。然戒险防险，思所以避之，则可；因畏险而灰心，则大不可也。避之之道唯何？曰：人民贫，非教育莫与富之；人民愚，非教育莫与智之；党见，非教育不除；精忠，非教育不出。教育良，则伪领袖不期消而消，真领袖不期出而出。而多数之横暴，亦消于无形。

况自由平等，恃民胞而立，恃正名而明。同心同德，必养成于教育；真义微言，必昌大于教育。爱尔吴曰："共和之要素有二：一曰教育；二曰生计。"然教育苟良，则人民生计必能渐臻满意。可见教育实建设共和最要之手续，舍教育则共和之险不可避，共和之国不可建，即建亦必终归于劣败。罗比尔曰："吾英人第一责任，即教育为国家主人翁之众庶是已。"故今日当局者第一要务，即视众庶程度，实有不足。但其为可教，施以相当之教育，而养成其为国家主人翁之资格焉。

陶行知在宣读他的毕业论文时，台下正坐着一位特殊的嘉宾，用心听着这位优秀学子的思想论述，他就是刚刚辞去江苏省教育司司长一职后，完成了三月全国教育考察的著名教育家黄炎培。

陶行知的民主共和思想以及教育上的见地让黄炎培十分赞赏，黄炎培对这个思想高远、满腹才华的年轻人青睐有加，两人相差18岁，却在后来的接触中逐渐成了忘年之交。

"人民贫，非教育莫与富之；人民愚，非教育莫与智之；党见，非教育不除；精忠，非教育不出。"陶行知在《共和精义》里的这些观点成了他的经典论述，这篇毕业论文，表明了他对建立民主共和国家的希望，也点出了他将为实现民主共和而从事教育的人生方向。

百年巨匠 陶行知 Tao Xingzhi

第四章 五十美元留学生

从金陵大学堂毕业的陶行知，拿到了纽约大学的毕业证书，他也早已明确了留学的目标——哥伦比亚大学教育学院。

哥伦比亚大学是美国最老牌的私立名校之一，坐落于美国东海岸的第一大城纽约市中心曼哈顿，最初名为"纽约学院"，建校两月后英王查理二世钦定校名为"王家学院"，到了19世纪末，这所学校由一所学院扩增为十所，改名为"纽约市哥伦比亚大学"。20世纪的哥伦比亚大学，名师云集，杜威、克伯屈、康德尔、孟禄、罗素等一批世界知名的教育大家在学校的师范学院执教，留美热潮下的哥伦比亚大学，成为许多中国学子的向往的求学圣地，更是留学生心中"最大的大学"。

然而留学费用高昂，陶行知要解决的首要难题就是凑到学费。当时政府对派遣留学生提供的款项有：治装费本国银200元，出国川资本国银500元，每月学费美金80元，回国川资美金250元。

陶行知既没有拿到安徽省政府的留学资助名额，也没有取得清华大学这一类学校的资金支持，他只能自谋出路，自费出国。陶行知到处借钱，到处碰壁，被人讥笑为"十叩柴门九不开"。陶行知却对这句话有另一种解读，他认为十扣柴门九不开，百扣柴门就有十扇开了，多找几个人，就多一分希望。最后，他就用这种方式，凑到了一部分钱，有了出国的路费。

1914年8月15日，上海招商局的码头人山人海，拥挤不堪。陶行知穿过人群，兴奋地登上了中国号邮轮，他即将与胡适、陈鹤琴等近百名清华派遣生同船而行，远渡重洋去往美国。

第一次汽笛吹过后，船上送客的人纷纷下船。船上的乘客拿了许多红绿纸圈，拼命地向码头上抛。码头上送客的人，也买了很多红绿纸圈往船上扔。几百条红红绿绿的纸条把岸边的人和船上的人短暂地连在一起。第三次汽笛吹响后，轮船开动，慢慢离岸了。纸条断了，成了学生们心中的一份念想，而他们另一份念想化为狂热的憧憬跟随着轮船驶向了大洋的另一端。

陶行知在后来所写的《工人与煤炭》一文里写下了他第一次去美国的激动心情：

民国三年的秋天，我第一次坐海船东渡，自言自语地说："海船走得这么快，好极了。"教科书告诉我这是蒸汽机推动的。我应该去看看这蒸汽机。走到机器间去看了一忽儿，心里想，蒸汽是水烧滚了变的。我得去看一看这水是用什么东西烧，怎样的烧法？我于是一路问到火舱门口，一看，几个赤膊的活人像天津鸭子在那儿烤着，烤出一身的黑油！身上、脸上、手上黑得如同他们所烧的煤炭一般黑！这是我与火夫们第一次见面所得的印象，简直像硝镪水刻到我的心窝里。我明白了：乘长风破万里浪，代价是火夫们的泪和血！岂但海船上的火舱是人间地狱，您走进电力厂、机器厂、面粉厂、织布厂里去看看，便知道我们吃的、穿的、住的没有一样不渗透了工人们的血泪。一粥、一面、一衣、一灯当思来处不易。如果您一时没有机会去看，那么，请听我唱罢：

机器正开工，

炉火通红。

人与煤炭忐相同！

胖子进来瘦子出，

俱人烟囱。

减少点把钟，

加几个铜？

工人乐不在工中。

如此人间即地狱，

翻造天宫。

陈鹤琴曾在自传里写下了他当时心所向往的美国：

听说人民生活程度是很高的，普通工人每天总有三四块钱的工资。吃的大餐，穿的西装，住的洋房，比我们中国有钱的人，着实要舒服得多呢！

又听说人民的知识也是很高的，差不多没有一个人不读书，不识字的。文化的水准，非常之高。什么博物馆，动物园，植物园，美术馆，图书馆体育场没有一个城市是没有的。

又听说世界最大最高最多的东西都在美国。最大的大学要算纽约的哥仑（伦）比亚了，学生在三万以上呢。最高的房子那时要算Woolworth Building伍尔获司大厦，有五十七层之高。世界最著名的瀑布要算Niagara Fall奈矮格拉（尼亚加拉）了，图书收藏最丰富的，恐怕要算华盛顿国家图书馆了，交通最便利，铁路最多，公路最长，恐怕也要算美国了。听说要发财到美国去，要读书也到美国去，要看奇闻观壮，到美国去。要吸自由空气，也到美国去。那时我一听见这样的一个新兴的自由国家，不觉神驰心往了。

住在头等舱里的留学生们饮食非常丰盛，一日三餐都是大菜，饭后还有茶点，他们白天在甲板上游戏为乐，晚上弹琴唱歌，玩得十分开心。而陶行知这个家境贫寒的自费留学生，身上除了一张船票就只有50美元，仿佛与这些无须为物质生活忧心的留学生活在两个世界里。

9月7日，"中国号"邮轮经过3个星期的航行终于到达了美国旧金山，陶行知由于学费不够，不能直接入学哥伦比亚大学，他只能继续西行，来到了伊利诺伊州。

《金陵光》第五卷第5期《金陵乘：留学美国》的内容写道："陶文浚、胡天津、陈义门等三君乃本校上届毕业生。校长说以他们之志愿将来定有成就，送他们去美国专科学校就学，均在今夏末抵美。"

在校长包文的介绍下，陶行知去了校长故乡的大学——伊利诺伊大学。金陵大学在美国立过案，它的学位受到美国学校的认可，毕业生无需考试就能直接升入研究院，陶行知就在校长的推荐下顺利进入了伊利诺伊大学。

学校只资助专攻政治学市政专业的外国留学生，陶行知认为政治学、市政学与他的志愿并不相违，就申请了这份入学资助，在伊利诺伊大学研究院攻读政治学。

陶行知来到伊利诺伊大学时，正赶上佛林格大礼堂建成开放，詹姆斯校长在揭幕典礼上演讲说道："在不久以前，还只有医生、律师、牧师和教师才能上大学，就是说，高等教育是被这些所谓'博学'的专业占据着。而现在，我们认为，一个工程师如果想要在他工作的社区取得最大成就，首先需要受过良好的基本训练和足够广泛的教育，其次是能够成功地将所学的科学技术加以运用。"

这是陶行知入校的第一堂课，校长所提到教育普及和学以致用让他深有共鸣，与他在《共和精义》中表达的思想相合，也与他的求学愿景一致。

陶行知一年要修习十余门课程，学业十分紧张，教他"教育行政管理"课的老师是柯夫曼，他热心辅导，循循善诱，促使陶行知更加坚定了从事教育的志向和决心。如果说《共和精义》这篇毕业论文奠定了他人生选择的大方向，那么，柯夫曼可以说是陶行知从事教育事业的启蒙老师。

陶行知在伊利诺伊大学的学习活动

学期		修业科目
1914—1915 年	第一学期	政治学及公法 都市行政 国家论 教育行政
	第二学期	政治学及公法 欧洲大陆行政 美国外交 合众国对外国·殖民地贸易
1915 年	夏学期	单元和评价基准 教育研究方法 中学课程 教育心理学

6 月 18 日到 27 日，陶行知参加了芝加哥大学举行的基督教青年会夏季大会（亦称美中基督教学生联合会），这是中华北美基督教学生会（Chinese Christian Students Association in the North America）与全美学生会议（American Students Conference）共同在日内瓦湖举行的夏季大会。也是从这次会议起，陶行知就坚定了把教育管理作为终生事

业，他在1916年2月16日给哥伦比亚大学师范学院教务长罗素的信中说道："作为我终生的事业——从事教育行政的想法是去年夏天在日内瓦湖举行的Y.M.C.A.（基督教青年会）的夏季大会上才明朗起来的。当我遍访所有的大学之后，我发现对我来说，只有哥伦比亚大学师范学院才是最好的大学。"

陶行知当时学习的市政专业便于将来做官，但他非常清楚，中国最不缺的就是官，要建立真正民主共和的国家，还要靠教育。在他留学的这段时间里，他也一直在想办法获取"庚款奖学金"，也在努力申请安徽省的助学金。

当时，政府对自费留美的学生发放了一些庚款津贴，明确规定："经费如有盈余，每年酌拨若干为奖赏自费学生之用，至多者每年约五百美金，至少者一百美金。此项学生，须由驻美出使大臣，或部派驻美留学监督查照，确系在大学正班肄业实习，已入第二年班以上，功课实有成绩，景况实在困苦者，方为合格。至于奖金多少，亦按照景况功课酌定。"

1915年1月，陶行知的父亲去世，他必须挑起"家中所有负担"，在经济上雪上加霜的陶行知要留在美国上学，只能想办法获得奖学金。

上半年，陶行知写成了《中国运入美国物产大宗之研究》这份图表文俱全的调查报告，陶行知向原籍所在的安徽省申请了庚款奖学金，随后，他把调查报告寄给了安徽政府，受到了政府的重视和嘉许，这份报告刊登在了5月份的《安徽公报》第四十期上。

陶行知有了"功课成绩"和"景况困苦"这两项资格后，庚款奖学金的申请终于获得了批准。他在8月份就顺利获得了伊利诺伊大学的政治学硕士，随后，他立即奔向了他向往已久的哥伦比亚大学。

百年巨匠
陶行知
Tao Xingzhi

第五章 圆梦哥伦比亚大学

1915年9月下旬，陶行知走进了哥伦比亚大学师范学院的教室，开始攻读教育学博士学位。入学后的陶行知明显感觉到这里的课程和学风非同一般。哥大师范学院在创办之初，就实行了男女生同校的政策，在当时可谓是开风气之先。师范学院在就业、教育政策、奖学金分配和贷款等方面，都奉行平等原则，对不同种族、肤色、国籍、年龄、宗教信仰的师生都一视同仁。

比陶行知晚两年到哥大师院的陈鹤琴曾这样描述哥大的同学："这里的学生大半是有经验的。有的做过中学校长的，有的做过督学的，有的做过小学教师的。女的虽是占多数，男的也不少。青年的虽有，大半都是中年。白发苍苍的也有不少。"

1915年底，哥大师范学院的中国学生和对中国教育感兴趣的教授们一起成立了"中国教育研究会"，这个组织被称为中国在美国最早的教育研究团体。首任会长是凌冰，陶行知在1916年接任了会长（后任是著名教育家张伯苓）。

哥大的男生宿舍有两幢旧楼和一幢新楼。陶行知住在旧楼之一的巴德拉图书馆旁边的哈特莱大楼（Hartley Hall）10层10号室。这幢旧楼里还住着孙中山的儿子孙科和未来的北京大学校长蒋梦麟。

胡适是陶行知的老乡，安徽绩溪县人，与陶行知的家乡歙县不过几十里的路程，他是庚款第二届官费留学生，经济上比较宽裕，就住在那幢新的佛纳大楼里。当时住在新楼里的还有宋子文和张奚若。

1914年，陶行知（一排左一）赴美留学时的合影

　　陶行知事先对哥大的生活花销早有思想准备，但进入哥大后，他才发现"纽约的生活费用比我预计的要高得多。在住了半年之后，我便发觉囊中所有远不足以应付开支"。

　　无奈之下，陶行知只好求助于导师保罗·孟禄（Paul Monroe），孟禄十分关照他，介绍他去申请师范学院为外国留学生特别设置的美国利文斯顿奖学金。奖学金经由教务长、美国教育家罗素审批，陶行知的申请很快得到了批准，但奖学金组织希望陶行知能写一份个人简历以及今后的规划给该奖学金捐助者过目。

　　1916年2月16日，陶行知给教务长罗素写下了一封回信，他在信的结尾处充满感激地写道："经孟禄博士介绍，我开始申请利文斯顿奖学金，您就慷慨地授予了我。除了衷心的感谢外，我想向您和利文斯顿奖学金寄赠者说明，在斯特雷耶教授和其他先生的指导下，在经过两年多的准备之后，我将回国同其他教育者合作建立我国有效的国民公共教育制度，以仿效美国人的足迹，也能保持和发展真正的唯

陶行知（一排右一）留学时的合影

一能实现正义与自由理想境界的民主。"

利文斯顿奖学金让陶行知从生活的焦虑中解脱出来，他也因此可以更加专注地投入学习，他在哥大师院总共进行了两学年四学期的学习，课程涉及了哲学、历史、教育、经济等多个领域。

陶行知在哥大的学习期间，遇到了影响他一生的老师——约翰·杜威。杜威是闻名世界的教育大师、心理学家，是现代教育的代表人物，还是实用主义哲学的创始人，他在当时被誉为美洲第一哲学家，也是哥伦比亚大学最具影响力的教授。

约翰·杜威提出的"教育即生活""学校即社会""从做中学"为主要内容的"生活教育理论"对陶行知产生了极大影响，杜威把学校、社会和教育紧密联系在一起，他提出教育不是为生活做准备，教育就是生活本身。他主张要把教师为中心的教育转向以儿童为中心的教育，教学的场地要由课堂转向社会，学习的内容要由教科书转向生活，教学方式要从单纯的听讲转向从所做的事情中获取知识。

约翰·杜威

陶行知一直对杜威十分仰慕，在胡适1916年的留美日记里，夹有一张杜威和安庆人胡天濬的合影，胡适还特意注明了这张照片由陶行知拍摄。胡适还在照片上附上了两行文字："杜威为今日美洲第一哲学家，其学说之影响及于全国之教育心理美术诸方面者甚大，今为哥伦比亚大学哲学部长，胡陶二君及余皆受学焉。"

杜威针对美国当时的传统教育，提出了现代教育理念，他用现代教育去反对当时的传统教育，在美国成为进步主义教育运动的集大成者。杜威的这些进步理念启发了陶行知，陶行知回国后提出的中国化的生活教育理论、推行平民教育的理论都受到了杜威的影响。

克伯屈是陶行知的教育哲学课老师，共教了他两学期的课程。克伯屈在教育哲学上受杜威的影响很深，他认为教育的目的不仅在于更多地获取知识和能力，还在于对学生的态度和理想发生作用，其途径为知、能、愿三者。他反对传统的分科教学制度，主张打破学科体系，废除班级授课制，采用建立在实用主义教育理论基础上的设计教学法，并根据所设计的学习单元来组织教学工作。

在陶行知毕业的那一年，他前脚离开哥大师范学院，陈鹤琴后脚就从霍普金斯大学转学过来了，陈鹤琴对克伯屈的教学方法感到新奇又兴奋，从他记录下的文字里，可以间接探知陶行知受教于克伯屈的情况：

克氏是师范学院里最著名而最受学生欢迎的一位教授。在他的班上听讲的，总是拥挤不堪，每学期总有几百人。不但学生人数多，而且学生之杂为任何大学任何学科所不及。

……克氏先教学生自由分成几十个小组。这种小组生存时期以一学期为限。在未讨论问题之前，发给我们一张纸。上半张印了十来个问题，下半张印了十几种参考书。

各组小组自己认定了问题，课后在图书馆去看参考书。看了参考书，先在小组会议里互相检讨，互相切磋。一到上课时，各组提出意见，意见各有不同，思想各有分别，辩论就开始了。一个问题先由克氏提出之后，班上任何人都可起来表示意见，贡献意见，批评别人的意见，指摘别人的错误。等到各方的意见充分表达后，他老人家起来，把各种意见下一个总检讨。有错误的，他指出错误。有真理的，他指出真理。把一个问题解答得清清楚楚。这种教法是兴奋剂。个个学生都愿意绞脑回肠去研究问题，检讨问题，辩论问题。在他的教室里二三百个学生没有一个会打盹，没有一个会偷看小说，没有一个不竖起耳朵，提出精神去参加辩论贡献意见呢！克氏的教室，实际就是议会。克氏班的上课，就是开辩论会，无怪克氏之魔力若是其大呢！

克伯屈的教育理念和主张对美国学校的课程改进产生了重要影

响，陶行知回国后所进行的教育实验和实践，在打破常规的教学思维中，也有一些克伯屈的影子。

"教育史"这门课的指导教师正是介绍他申请下利文斯顿奖学金的保罗·孟禄教授。孟禄是20世纪美国的知名教育家，主编了《教育百科辞典》，影响极大。他在1913年率领基督教传教会人员访华后，就开始与中国教育界结缘，他希望中国教育改革向共和民主的方向发展，对中国教育事业十分关注，对中国的学子也极为友好。

陶行知在哥伦比亚大学的四学期学习中，只有"教育史"这门课程贯穿了始终，或许是课程需要，或许也是陶行知对导师的喜爱。陶行知与孟禄教授在长久的学习生活中，已经建立了深厚的友谊。

1916年底开始，陶行知开始操心他的毕业论文，他迫切地想为祖国的教育事业出力，在为论文选题的时候就放弃了那些可以就地取材的类似西方教育理论探索等内容，最终定下的选题是《中国教育哲学与新教育》。

斯特雷耶教授是陶行知的毕业论文导师，也是陶行知"美国公共教育管理"这门课程的老师，总共教了他两学期的课。斯特雷耶在校舍管理的标准上，是当时不可不提的一位权威人士。陶行知后来主持拟定的《编制学校模范报告调查表》大纲中，还提到了用斯特雷耶的调查量表来测学校建筑设备，他是陶行知实现理想的一位前导和榜样。

然而陶行知的这篇毕业论文比他想象中要难得多，论文里的一部分内容要以中国教育当时的实际数据来论证，而需采用的数据大多没有现成的文献资料，甚至根本没有数据，只能亲自去收集整理。陶行知甚至求助了黄炎培，提到他的论文《中国教育哲学与新教育》"命题涉及中国教育，嘱搜集材料"。

这年12月5日，刚刚成立了职业教育研究会的黄炎培应陶行知的请求，向他寄去了有关江苏教育情况的资料，为他撰写学位论文提供参考：

安徽陶君文濬，留学美国哥伦比亚大学教育科，思力精邃，又纯朴无习气。近应考博士，命题涉及中国教育，嘱收集资料，复书如下：

……承问弟所认为江苏教育上最急要之问题，此则怅触于心，极愿掬以奉告者，盖江苏最急要之问题，无过于教育与职业之联络。兄亦知近两年吾国满地青年，学成弗用，任何等级之学校，毕业生除升学外，别无生路。(惟师范学校较好)以前不过吾辈鉴于教育之不切实用，奔走呼号，希图醒悟。今则不幸言中，情见势绌，无可为讳。江苏省教育会因此实地调查各中等学校出路，编为统计，警告世人。(去年所调查，刊在《教育研究》中，今岁所调查，见临时刊布等十二号，均附寄上。)皆系最近实况。此次北京教育会联合会，以问各省，则中学毕业生，有仅十之一升学者(直隶)，有不及十之一者。除升学外，皆无所事事也。即有事，大都为小学教员。夫中学毕业生而适于为小学教员也，则师范学校岂不可废。况自最近教育部颁行检定小学教员令后，此路亦已断绝。盖各种学校皆有学成无用之恐慌，而最恐慌者莫中学若。此问题之解决方法，一方面在提倡职业教育。(修正学制亦一重要问题)，一方面在使普通教育所有教授材料、训练方针，一一务合于实际，求切于社会之需要。此事改革，诚非易易，要当尽力做去。若今之教员与校长，往往但求教学生至毕业为止,而学者亦但求博得毕业虚名为止。至所教所学之是否适于所用,两俱不问,无惑乎有此结果也。依此现象,所谓教育者,不惟不能解决世界最重要之生计问题,且将重予生计问题之困难。幸而教育未发达、未普及耳,苟一旦普及,满地皆高等游民,成何世界。吾为此惧。窃愿集合同志,竭吾今后数十年精力,谋所以补救。兄课余倘能注意及此,留心搜集关于解决此问题之参考资料,于学成后归以饷我,感甚!感甚!弟所认为唯一重要问题者此也。

1917年上半年,陶行知的大部分精力都用在了毕业论文上,而当他写到7月份时,这篇毕业论文还是因为资料不足而几乎搁笔了。此时的陶行知陷入了进退两难的境地,恩师孟禄又一次出手相助。

孟禄为陶行知想到了一个变通的办法,当时担任哥大哲学博士学位评审委员会主席的人是政治哲学专业科学部部长伍德伯里奇博士,孟禄就给伍德伯里奇博士写了一封信,信中说道:"我建议为授予陶文濬博士学位安排一场考试,这是特殊情况。陶已经完成了学术研究工作,正撰写题目已被认可的毕业论文,但须回中国搜集资料,因为论文主体的注释部分有赖于这些资料,否则论文无法完成。鉴于他将从事中国政府教育工作,而难以返回美国,我建议,任命一个特别委员会先进行考试,待论文提交后,再行审定。建议考试日期定为8月2日星期四。"

孟禄的解决办法就是让陶行知先参加考试,等回国后完成了毕业论文,再补授博士学位。因此,陶行知回国时就在哥伦比亚大学留下了一条尾巴,像他这种毕业时没有获得学位的情况不是个例,比如胡适已在6月份毕业回国,他离校时也留下了这样一条尾巴,两年后毕业的陈鹤琴也在哥大留下了尾巴，陈鹤琴将此视为"终身大憾事"，胡适也对此耿耿于怀了十年，最终在 1927 年修成"正果"，拿到了哥大的哲学博士学位。

陶行知的毕业论文经历了一波三折，在 1920 年的冬天遭遇了一场劫难，这是陶行知离开哥大的第三年，他在南京高等师范学校工作，学校校舍因烤火不慎引发了一场火灾，陶行知的毕业论文就在大火中化为了灰烬！

陶行知对写过的论文内容尚且能回忆起一些思想性的内容，但细微之处和许多珍贵的数据就难以复原。重写的工作量非常大，时过境迁之后，他对取得学位的意愿也不再强烈，最终也一直没有取得哥大的博士学位。

如今，在哥大教育学院孟禄的档案里，还有一张非常珍贵的老照片，照片拍摄于 1916 年，第一排左一是胡适，右二是孙科，第二排中间坐着孟禄，第四排左二坐着蒋梦麟，陶行知站在第三排右边第四个位置。照片里这些当时尚且普通的学子，后来陆续成为了推动中国教育事业的风云人物。

1917 年 8 月，陶行知从哥伦比亚大学毕业，返回了阔别三年的祖国。他在轮船上，和同学们畅谈志愿，在呼啸的海风中豪迈地说道："我的志愿是要使全国人民有受教育的机会。"

百年巨匠

陶行知 Tao Xingzhi

第六章 教育生涯从南京高师开始

郭秉文是在哥伦比亚大学获得教育学博士学位的第一位中国留学生，1914年毕业的郭秉文与1915年入学哥大的陶行知原本没有交集，回国后的郭秉文于1915年1月在南京高等师范学校担任教务主任，他全力投入到学校的机构改革和人才搜罗的工作中，屡次赴美，招募优秀人才。司徒雷登曾担任燕京大学校长、美国驻华大使，他在回忆录《在中国五十年》中提到郭秉文在美国"延揽了五十位留学生，每一位都精通他自己所教的学科"，陶行知便是其中之一。

郭秉文很早就关注到了在哥大攻读教育学博士的陶行知，就在陶行知转入哥伦比亚大学的第二学期，郭秉文就与陶行知多次会面，征询他的意见。陶行知一方面希望继续学习，另一方面又想尽早回国和郭秉文一起投入中国的教育事业，工欲善其事，必先利其器，陶行知最后还是决定了先完成学业，提升自己，为回国教学积蓄力量。

1917年8月，陶行知踏上了归国之途，9月就进入了南京高等师范学校担任教育学课程的教员。27岁的陶行知开始登上教书育人的讲台，他先后主讲教育学、教育行政和教育统计等课程，由此开始了长达30年的教育生涯。

此时的南京高等师范学校刚刚成立，而高等师范学校在全国也还只是一个尚待探索和实践的新兴教育产物。1912年到1913年，教育部颁布了由蔡元培等人主持起草的《大学令》《专门学校令》《大学规程》《公立专门学校规程》《私立大学规程》《高等师范学校规程》

南京高等师范学校

《高等师范学校课程标准》等一系列法令和章程，重新修订了学制，建立起新的教学系统，这一套教育制度被称为"壬子癸丑学制"。这套学制的重要内容之一，就是把高等教育分为三个相对独立的系列，即大学、专门学校和高等师范学校。

1912年7月到8月，教育部在北京召开了全国临时教育会议，会议决定在10年之内在全国建成4个大学区，除了在北京、南京、武昌、广州分别设立大学以外，还将在全国划分出6个高等师范学区，以北京、南京、武昌、广州、成都、沈阳为本部，各设置一所高等师范学校。

全国临时教育会议提出了在南京建立大学和高等师范学校，1914年8月30日，江苏省巡按使公署作出批复，"南京高等师范学校"的名字正式确立，学校校长由省里委派，筹办工作也随之快速展开。江谦于1915年1月上旬来到南京，担任师范学校校长，随后，学校聘请了刚刚回国的郭秉文担任教务主任，同时聘请了江苏省教育会正副会长沈恩孚和黄炎培担任南京高等师范学校的"评议员"。

1917年9月，陶行知加入了南京高等师范学校，学校刚刚增设了附属小学及附属中学，校区面积也由原来的200亩增加到了300亩。此时的南京高师有教员36人，管理员30人，校役42人，学生有278人，从19岁到31岁不等。学校设有二部，国文史地部和理化部，五个专修科，分别是工艺科、农业科、商业科、英文科、体育科。陶行知担任教育学教员，为学生们讲授《教育学》《教育行政》《教育统计》等课。

1918年的春天，校长江谦因病需要休养一段时间，教务主任郭秉文开始代理校长，后将自己的教务主任一职交由陶行知代理。在郭秉文、陶行知等一众教育工作者的努力下，南京高师逐渐成为与北京高等师范学校齐名的一所国立高等师范，也成为陶行知教育改革事业的发轫之地。

陶行知的教学方式受了国外教育的影响，不少课程安排也直接仿照了国外。比如他安排的"都市教育行政"课的内容就参照了克贝勒所著的《公立学校行政》，他还效法哥大师院克伯屈、孟禄等老师的上课方法，注重实地调查，强化教学过程中的讨论、研究、演讲等形式的安排，要求学生利用寒假在家乡做教育调查统计。

陶行知极力主张并宣传杜威的实用主义教育学说，批判了"思而不学，凭空构想，一知半解，武断从事"的现象。他于1918年9月17日在南京高等师范学校的演讲时曾说："欧美之所以进步敏捷者，以有试验方法故；中国之所以瞠乎人后者，以无试验方法故。"

陶行知还将他刊登在《南京高等师范学校教育研究会会刊》上的《试验主义之教育方法》一文，又发表在了《金陵光》第九卷第5期上：

试验虽不必皆有发明，然发明必资乎试验。人禽之分，在试验之有无；文野之分，在试验之深浅。试验之法，造端于物理、生物、生理，浸假而侵入人群之诸学，今则哲理亦受其影响矣。盖自培根（Bacon）用以格客观之物，笛卡儿（Descartes）用以致主观之知，试验精神，遂举形而上、形而下学而贯彻之。究其结果，则思想日精，发明日盛，欧美之世界，几变其形。

……柏林大学保尔生（Paulsen）曰："德国中世纪以前，狂狂榛榛，等于化外之民。及拉丁文输自罗马，民情一变。既而文艺北渐，蕴成宗教变革，而民德又一进，是德人再得力拉丁民族也。……故十九世纪以前，德人师天下；十九世纪以后，天下师德人。试验主义实与有力焉。

……今之议者，每日教育救国。教育岂尽能救国乎？吾敢断言曰：非试验的教育方法，不足以达救国之目的也。

陶行知还在文中具体指出，践行试验主义的重要一步，是设立教育科："美国三十年前之教育，亦几无事不模仿旧大陆。自乾姆（James）创设心理试验科，而学者趋向一变。至于今日，凡著名大学，莫不设教育科，其同时试验教育心理者以百计。其试验机关与从事实地试验教育之人，几无处无之；其试验精神之充塞，可谓盛矣。"

1918年5月，南京高师增设了第六个专修科——教育科，教育学便由一门课程升级为专业系科。陶行知是教育专修科主任的不二人选，但他却因自己的另一个教育改革主张不被接受，而拒绝了这个职务。

当时，陶行知反对旧的传统教育，主张改"教授法"为"教学

1919年 南京高等师范学校教育科师生送别外籍教师合影，二排右四为陶行知

法"，把学校里的教育主体从教师转换为学生。他主张"教的方法是根据学的方法"，提出了"教学合一"的教学理念，他后来在1927年11月2日在晓庄学校的一次演讲中回忆道：

> 我自回国之后，看见国内学校里先生只管教，学生只管受教的情形，就认定有改革之必要。这种情形以大学为最坏。导师叫做教授，大家以被称教授为荣。他的方法叫做教授法，他好像是拿知识来赈济人的。我当时主张以教学法来代替教授法，在南京高等师范学校校务会议席上辩论二小时，不能通过，我也因此不接受教育专修科主任名义。

学校的许多老师认为陶行知的这类改革纯属"标新立异""哗众取宠"，不予同意。1919年2月，陶行知在蒋梦麟主编的《时报》副刊《教育周刊》上的《世界教育新思潮》栏目中发表了《教学合一》的文章，提出教与学二者分离的错误做法，严厉抨击了教授法"重教太过"："现在的人叫在学校里做先生的为教员，叫他所做的事体为教书，叫他所用的法子为教授法，好像先生是专门教学生些书本知识的人。他似乎除了教以外，便没有别的本领；除书之外，便没有别的事教。而在这种学校里的学生除了受教之外，也没有别的功课。先生只管教，学生只管受教，好像是学的事体，都被教的事体打消掉了。论起名字来，居然是学校；讲起实在来，却又像教校。这都是因为重教太过，所以不知不觉的就将他和学分离了。然而教学两者，实在是不能分离的，实在是应当合一的。"

陶行知继续在文中提到了三种教师："第一种只会教书，只会拿一本书要儿童来读他，记他，把那活泼的小孩子做个书架子、字纸篓。先生好像是书架子字纸篓之制造家，学校好像是书架子字纸篓的制造厂。第二种的先生不是教书，乃是教学生；他所注意的中心点，从书本上移到学生身上来了。不像从前拿学生来配书本，现在他拿书本来配学生了。他不但是要拿书本来配学生，凡是学生需要的，他都拿来给他们。这种办法，固然比第一种好得多，然而学生还是在被动的地位，因为先生不能一生一世跟着学生。"

他所提倡的是第三种教师："我以为好的先生不是教书，不是教学生，乃是教学生学。教学生学有什么意思呢？就是把教和学联络起来：一方面要先生负指导的责任，一方面要学生负学习的责任。对于一个问题，不是要先生拿现成的解决方法来传授学生，乃是要把这个解决方法如何找来的手续程序，安排停当，指导他，使他以最短的时间，经过相类似的经验，发生相类似的理想，自己将这个方法找出来，并且能够利用这种经验理想来找别的方法，解决别的问题。得了这种经验理想,然后学生才能探知识的本源,求知识的归宿,对于世间一切真理,不难取之无尽,用之无穷了。这就是孟子所说的'自得',也就是现今教育家所主张的'自动'。所以要想学生自得自动,必先有教学生学的先生。"

陶行知在文章的最后总结道:"总之:一、先生的责任在教学生学;二、先生教的法子必须根据学的法子;三、先生须一面教一面学。这是教学合一的三种理由。第一种和第二种理由是说先生的教应该和学生的学联络;第三种理由是说先生的教应该和先生的学联络。有了这样的联络,然后先生学生都能自得自动,都有机会方法找那无价的新理了。"

陶行知撰写的这篇《教学合一》引发了教育界的极大关注和教育人士的深思,苏州师范学校首先赞成采用"教学法"。然而在当时的社会,旧学旧教的束缚仍然深重,南京高等师范学校的教育科刚刚成立,教育方向一时很难明确,新思想遭遇的阻力也一直很大。

就在陶行知艰难推行"教学合一"新思想的这个月,一个让他十分惊喜的消息传到了国内,恩师杜威在休年假时已于1月应邀来到了日本讲学,他将在东京帝国大学担任交换教授。

陶行知原本打算在两三年后邀请老师杜威来华讲学,通过杜威的影响力推动中国的教育改革,结果这件事竟让日本抢了先。

陶行知立即和郭秉文商议此事,正巧郭秉文要去美国考察教育,两人经过商定,郭秉文决定在途经日本时当面拜访杜威,向他发出来华的邀请。后来,陶行知得知胡适也给杜威写了邀请信,杜威在给胡适的回信中说道:"我收到你的信非常开心。我每日总想把我们想到中国游玩的事告诉你……你问我能否在中国演讲,这是很荣誉的事,又可借此遇着一些有趣的人物,我想我可以演讲几次,也许不至于我的游历行程有大妨碍。""……郭秉文博士同陶履恭教授前日来看我，他们问我能否在中国住一年，作演讲的事。这个意思很动听，只要两边大学的方面商量妥贴了，我也愿意做。我觉得几个月的旅行实在看不出什么道理。要是能加上一年工夫，也许我能有点观察了。"

陶行知在3月12日向正在北大任教的胡适发函，提议他们一南一北联合筹备杜威来华讲学之事。第二天，陶行知就快速写完了《杜威的教育学说》一文，向国人介绍杜威的教育学说，这篇文章发表在《时报·教育周刊·世界教育新思潮》上："美国哥伦比亚大学教员杜威先生，是当今的大哲学家，也是当今的大教育家。今年是先生的休息之期，他想要在这一年当中，到东亚来游历一番。现在已经到了东京，在帝国大学讲演。大约四月间就要到中国来，预备游历上海、南京、北京以及别的地方。杜威先生素来所主张的，是要拿平民主义做教育目的，试验主义做教学方法。这次来到东亚，必定与我们教育的基本改革上有密切关系。既然有这大的关系，就不能不略为晓得杜威先生的历史。"

文章简略介绍了杜威的生平和思想主张，还预报了杜威到中国来的行期，同时列出了杜威的16种著作，指出了其中4种"和教育最有关系"，"教育界人人都应当购备"的书：《平民主义的教育》《将来的学校》《思维术》和《试验的论理学》。

3月底，陶行知收到了郭秉文的信，信中谈到的接洽事宜和杜威信里的内容几乎一致。郭秉文还解释说杜威去日本并不是做交换教授，只是游历之余顺便做些演讲。杜威对他们的邀请立马应允，除了首肯上海、南京、扬子江流域及北平等地，杜威还主动表示可以在中国一直待到明年年底。一切安排还要等郭秉文与哥伦比亚大学校方做最后的商定。

1920 年江苏省教育厅欢迎美国杜威博士及其夫人，一排右二为陶行知

在陶行知、郭秉文、胡适等人的极力推动下，杜威同意了 4 月结束在日本的讲学后就来中国。这个消息让陶行知感到振奋，他在 3 月 31 日又写信给胡适，建议由北大、南京高师和江苏教育会三家各推举一位代表，具体负责杜威到华的有关事宜。很快，蔡元培以北大校长的名义致电哥大校长巴特勒，聘请杜威来北大讲学一年，这份邀请得到了哥大的同意，杜威来华讲学的事正式敲定。

当时的日本教育界一直流行德国教育思想，杜威在日本两个多月的居留时间里，对日本的教育影响很大，许多学校按照欧洲和美国进步教育的模式在日本逐渐建立起来，道尔顿制和设计教学法也在日本流行起来。一位日本教育学者甚至认为"在第一次世界大战结束之后的一段时间里，日本的进步教育运动一度达到了顶点。杜威的思想几乎掩盖了德国的教育思想"。

4月30日的午后，杜威带着夫人爱丽丝和女儿露茜坐船来到了中国，抵达了上海，陶行知、胡适、蒋梦麟分别作为南高师、北大、江苏省教育会三方的代表来码头迎接杜威。三人同年毕业于哥大师范学院，都曾受教于杜威，如今，师生四人在中国重逢，颇为欣喜和感动。

5月3日，杜威在江苏省教育会作了来华的第一场演讲，题目是《平民主义的教育》。杜威的上唇留着小胡子，头发服帖地覆在头顶上，额头上横着睿智的皱纹，鼻梁上架着一副金丝边眼镜，他的嘴不说话时，总是抿着的，显出哲学家的深沉，似乎随时会绽放出笑容来。

三天后，杜威又来到浙江教育会演讲，题目为《平民教育的真谛》，他在演讲中指出"教育之精神何在？曰在民主，在共和"，"共和主义的教育，其宗旨在使人人有被教育之机会，其方法则在尊重个性"。

就在杜威演讲的第一场与第二场之间，五四运动爆发了。中国在第一次世界大战中，以战胜国的身份得到了战败国的待遇，眼看着战败的德国要把中国山东所有的特权转让给日本，全国人民愤然发起了抗议！北平三千多名学生在天安门前集会，一路高呼"拒绝和约签字""取消二十一条""外争国权，内惩国贼"，举行了声势浩大、影响深远的游行示威。

在五四运动之前，中国的教育虽然经历了10余年的改革，初有成绩，但教育界受旧传统的束缚较重，新学仍在与旧学的频频交锋中艰难突围。五四运动之后，中国的教育现代化进入了一个新的阶段。

5月18日到26日，杜威来到南京高师讲演，陶行知等人担任翻译。各报各刊发表介绍评论杜威生平及其学说的文章数不胜数，杜威的教学思想对中国教育界产生了很大影响，在全国引发了一股"杜威热"。杜威来华讲学，是"五四"时期中西文化交流过程中意义重大的一件事，他从南到北一路宣讲，五四运动的热潮从北向南迅速一路狂涌。

陶行知在回国后一年多的时间里，致力于宣传欧美教育思想，推进中国的教育改革，他在推行试验主义教育的过程中站到了中国教育改革阵地的最前沿，他以新人的姿态在五四运动前夕在中国的教育界初露头角。但此时的他尚未取得全国性的声望。胡适回国之前就因提倡白话文"暴得大名"，陶行知在南京任教，地理条件和学术环境都无法与北平相比，他的试验主义教育理念也不如胡适的试验主义哲学那样成绩显著。然而随着五四运动进一步推动了国内的新文化运动，并与1918年在中国开始兴起的新教育运动相互激荡，再加上杜威亲临中国讲学，助推了国内的教育新思潮，陶行知的教育改革之路迎来了新的机遇。

随着五四运动的兴起和杜威教育思想的广泛传播，各种新思潮和新教育观点大量涌现，许多教师对陶行知的"教学法"态度有所转变，反对之声逐渐减少。陶行知在1927年11月2日在晓庄学校的那次演讲中继续回忆道："继而'五四'事起，南京高等师范同事无暇坚持，我就把全部课程中之教授法一律改为教学法。这是实现教学合一的起源。"

此后，陶行知全力将"教学合一"的教育理念传递给更多的学校和教育从业者，这项改革逐渐得到了国内教育界的认可，开始在全国推行。

百年巨匠 陶行知 Tao Xingzhi

第七章 新文化，新教育

从 20 世纪开始的中国现代化教育在新文化运动后上升到了一个新高度，陶行知和其他新教育倡导者顺国情之势，开始以民主精神和科学精神批判传统教育，反对洋化教育，推动着中国教育现代化走上新台阶。

1919 年 5 月 7 日，杜威在浙江教育会以《平民教育的真谛》为题进行演讲，陶行知没有到场参加，而是去了鸡鸣寺，参加另一个活动。

这天上午，原定在青年会召开全市中等以上学校代表会议，因为到会人数过多，会议改在了鸡鸣寺进行。五四运动当天，反动军警和示威游行的学生发生了激烈冲突，政府最终逮捕了 32 名学生。青年学生的义举得到了社会各界的支持，全国的社会名流和爱国志士开始声援被捕学生，寻找营救办法，陶行知等人也加入了其中。鸡鸣寺举行的学校代表会议最后决定通电北洋政府，要求立即释放被捕学生，并组织"国耻纪念筹备会"。动员南高师和全市其他学校师生走向街头散发传单，响应北平学生的爱国运动。

两天之后，南京各界六千人自发举行了"国耻纪念大会"，陶行知以南高师代表的身份出席大会，并在会上慷慨陈词："今日为国耻纪念，我们应当痛哭，但是哭并不能解决问题，只愿国人都由此好好想一想，该有什么样的决心，该如何去做，这才可望今后不再有国耻之日，这才可望达到我们作为公民为国家尽力的目的。"

5 月 13 日，筹备了五个月的南京学界联合会在五四运动的风暴下催生了，由南高师等学校发起，南京二十多所中等以上学校各派四位代表参加了成立大会，陶行知被选为副会长。南京学界联合会确立了"提倡服务社会，发挥爱国主义精神"的宗旨，通过了《声援五四爱国运动决议案》，并通告全国。

联合会分为评议部、执行部二部。评议部又分为了参事股、议事股二股。参议股由各校职员代表组成，议事股由各校学生代表组成。联合会行事的最终决定权在老师手上，学生和老师的想法总有不同。

陶行知虽然常和学生们站在一边，但又顾及老师的身份，不得不两头兼顾，最后总是事与愿违，疲于斡旋的他，常常两边都不讨好。

郭秉文在 2 月去日本面邀了杜威之后就去了欧美考察战后教育，他的代理校长之位由教育部批准，交由学监主任陈容代理。陈容反对学生罢课，与陶行知发生了争执，他一气之下，就辞职离校了。罢课的提案虽然最终通过了，但陶行知也做了一些妥协，把学生罢课的日期从 28 日延到了 6 月 1 日。

但学生们迫不及待地想要支持北平学生，他们不再听命于联合会，决定自行组织罢课，南高师、金陵大学等学校的学生与京沪学生采取了一致行动，率先宣布在 27 日停课。联合会的威信受到了强烈冲击，陶行知愤而辞去了副会长的职务。

学生们不再指望学界联合会，自己成立了一个学生组织——学生联合会，聘陶行知为顾问，学生联合会最后决定在 28 日统一罢课。

陶行知以顾问的身份在学生联合会的组织和活动中出现，学生联合会成立半月后，陶行知就又从幕后走到了台前。当时，江苏军民两长发布了通电，诬蔑学生罢课，还出现了警察殴打游行学生的事。陶行知出面为学生辩解，联络了南京 21 所学校的教职员 95 人联名发表启事，澄清事实，为学生们讨回公道，并向当局发出了严正警告。

陶行知为了学生敢于和当局对抗，他对学生群体投入了超常的热情和关怀，而他对这个群体的认识和希望与一般政治家不同，陶行知的目的是要"服务社会"。

五四运动过后，陶行知仍在不遗余力地支持和组织学生开展反帝爱国活动，在他眼里，每一个学生都在运动中激发出了强大的行动力和思想能量，这些活动都是超出课本的爱国主义实践课。一位南高师的学生后来回忆道："对各次爱国学运，教员支持学生堪为表率者，以陶师与陈鹤琴师为最著。"

这位深受学生们认可和喜爱的陶师很快迎来了职业上的跃升。1919 年 9 月，江苏省长公署发布了第三五九七号训令，转发了教育部正式以郭秉文为校长的任命，空缺的教务主任一职由校长另行聘任。郭秉文随即向陶行知发出了正式聘任公函：

敬启者：

案奉部令饬知教务主任一职，由校聘任等因。奉此，兹拟聘先生为本校教务主任。月薪按照部定直辖专门以上学校职员薪俸暂行规程，每月致送通用银元二百五十元，于本月一日起支。除呈报部、省长核示外，相应备函奉达，即希查照。此致

教务主任陶知行先生

南京高等师范学校校长郭秉文
一九一九年十月四日

当时，在北京大学任教的陈独秀月薪为 300 元，胡适初入北大月薪 260 元，不久后增加到 280 元，周作人月薪为 240 元，李大钊才

120元，在北大图书馆当助理员的毛泽东当时的月薪仅为8元。

在那时，1块钱可以买到30斤米，或8斤猪肉。相比而言，陶行知的月薪是相当丰厚的，升任教务主任后，陶行知也有了更多便利和空间在教育改革上大展拳脚了。不久之后，他就对男女教育不平等的旧习发起了一次重大革新。

1915年时袁世凯政府所颁布的教育宗旨还只是强调"女子则勉为贤妻良母，以竞争于家政"，女子教育依然地位极低。南高师的前任校长江谦和校董张謇强烈反对男女同校，江苏议员反对得最为激烈，有的人甚至直言男女同校为洪水猛兽，预言一两年内必定会闹出大乱子来。

1919年9月，胡适针对民国以来女子被拒于大学门外的现象，写成了《大学开女禁的问题》一文，主张大学招收女生，实现男女同校。早在这年上半年，北大校长蔡元培在天津青年会演说时，就以《欧战后之教育问题》为题对女子高等教育发表了言论，他后来在接受上海《中华新报》旅京记者采访时表示北京大学将于次年招生，女生尽可报考，如果考试合格，北大将予录取。

陶行知听闻这个消息后，立即与校长郭秉文、同事杨杏佛、教育家黄炎培等人交流了意见，想让南高师开始接收女生，陶行知的建议得到了他们的赞同。考虑到还会有不少人反对，陶行知决定分两步走，第一步是先让女子入校旁听。

12月17日，教务主任陶行知在南高师第十次校务会议上提出了《规定女子旁听法案》，他表示："中国女子高等教育最不发达，女子几无上进之路；大学不许男女同学，更是毫无道理。南高特宜首破禁区，融通办理，以遂女子向学之志愿。"陶行知提出了招收女生的六条办法，建议让中学毕业程度的女子去各科课程进行旁听。

"女子旁听制度"于1920年1月14日由校务会议决议通过,开始在学校全面实行。不久之后,陶行知去了一趟北平,到教育部接洽学校招收女生事宜。

4月7日下午4时,陶行知在南高师的校务会议上汇报了北京之行的结果,反馈了教育部的意见:一、须规定女生入学资格以期程度相当;二、须备有宿舍使学生起居妥善;三、须有相当女职员负指导责任。如筹划妥当,暂行试办。会议对下学年开始招考兼收女生的问题进行表决,出席会议的18人多数赞成。这次校务会议当即决议成立"招收女生委员会"。

教务长陶行知在第十一次校务会议上明确了秋季招收新生一些问题:

> 下学年招收新生班数,定为应招八班,总人数为一百八十。学生有应试资格来校应试者,苟能及格,不论男女均可录取。惟校内仅能住一百五十人,女生应设法住校外。至一百八十人之数,亦系以预定最多数言之。如应试者程度不及,不能取足定额,可酌量减少。
>
> 1920年4月21日

为营造更大的声势,南高师的郭秉文、陶行知、杨杏佛等人和北大校长蔡元培、蒋梦麟、胡适等人经过商定,决定南北一致行动,共同开放"女禁"。

1920年秋,新学期开学,南高师共录取女生28人,其中本科生8人(教育科2人,英文科6人),其余20人为特别生。当时报考南高师的外省考生必须经过南高师的复试,而这年贵州、四川、察哈尔三地的复试生迟误了考期,南高师决定不再对他们进行复试,从而将他们批为特别生。

南高师录取的8名本科生里，有一个名叫张佩英（后改名张蓓蘅）的女生，她在陈独秀、张国焘、茅盾等人的鼓励下，专程从上海赶来南京投考。据她当时的回忆："第一年投考南高师的女生百余人，大半是在各省女中或师范多年任职的教师，正式录取的只有8人。其中7人是教会学校出身，另一人是南京一女师毕业。第一年还招收了50多位旁听生。"

由此，北大和南高师同时在中国首破女禁、正式招收女生，北大此时虽然录取了9名女生，但还只算是旁听生，到了10月，有7位女子旁听生通过考试才转为了正式的本科生。

张佩英还回忆说："不知何故，1920年蔡校长仅接收几名旁听生。这样1920年秋南高师正式开'女禁'，成为中国第一所招收女生的高等学府。"

如此一来，南高师招收女子入学还走在了北大前面。北大和南高师是新文化运动中推行新教育运动的两个重要阵地，两校开放女禁对全国的影响巨大，男女同校的改革风气逐渐向全国各个学校扩散开去。

百年巨匠 陶行知 Tao Xingzhi

第八章 「自明」「明他」「他明」

1919 年 4 月 30 日，杜威应南高师和北大之邀来到了中国，并答应在中国讲学一年。杜威访华带来了他的平民教育思想，也助力了陶行知平民教育的理念推行。1923 年，陶行知在家门口挂起了"筱山平民读书处"的牌子，他还以南京的市民、工商业店员、职员为对象，开展读书写字的平民识字教育。在推广平民教育的过程中，陶行知察觉出了一个细节，他每次和小贩、车夫们交谈时，他们对自己这身"教授先生"打扮，时常敬而远之。不久之后，陶行知毅然脱掉了西装，融入了广罗大众。

　　陶行知四处为平民教育奔走宣传，从公开演讲、集体动员，到饭桌上、私人聚会时对各行各业的人进行思想传播。他的身影遍及商行店铺、旅馆、饭馆，也有学堂、私塾，甚至还有济良所、军队、监狱、寺庙……

　　1919 年，北高师创立了平民学校，随后部分师生成立了"平民教育社"，主张："不先有了平民教育，哪能行平民政治？哪能使用平民政治的工具？"中国的平民教育由此获得了前所未有的瞩目。

　　1920 年 4 月，北大再次电询哥大，想要续聘杜威一年，这个请求得到了哥大的同意。不久后，杜威再次南下讲学。陶行知在南高师为老师安排了一个半月的讲席，请杜威主讲《教育哲学》《哲学史》与《试验伦理学》。接着，杜威又去各地讲演，陶行知、郭秉文还有金陵大学的教务主任刘伯明轮流担任翻译。

这年冬天，邹韬奋翻译了杜威的《民本主义与教育》，邀请陶行知为他校阅和改译。为了帮助"卖稿救穷"的邹韬奋，陶行知把这本译书推荐给了商务印书馆作为"大学丛书"出版，他还把南高师所办的实验学校命名为"杜威学校"。

杜威在 1921 年 7 月 11 日离开中国，他留华的时间共计 2 年 2 月零 12 天。有人统计，杜威除了在北京和南京两地的学校做学术讲演之外，还到全国各处巡回讲学，足迹遍及了京、津、沪、辽、冀、晋、江、浙、赣、鲁、鄂、湘、闽、粤 14 个省市，大大小小的讲演多达 200 余次。这些讲演后来以《杜威五大讲演》为名结集成书，由北京晨报社出版，在两年内就印行了十余版。

胡适在杜威离华之时发表了送行的文章《杜威先生与中国》，他在文中评价道："我们可以说，自从中国与西洋文化接触以来，没有一个外国学者在中国思想界的影响有杜威先生这样大的。"他还说道，"杜威先生最注重的是教育的革新，他在中国的讲演也要算教育的讲演为最多"。

杜威的实用主义哲学和教育的相关译著数不胜数，他的女儿在 1939 年写成了《杜威传》，这本可视为杜威自传的著作这样写道："不管杜威对中国的影响如何，杜威在中国的访问对他自己也具有深刻和持久的影响。杜威不仅对同他密切交往过的那些学者，而且对中国人民，表示了深切的同情和由衷的敬佩。中国仍然是杜威所深切关心的国家，仅次于他自己的国家。中国是世界上最古老的文明国家，正在为使它自己适应新的形势而斗争。杜威从美国到中国，环境的变化如此之大，以致对他的学术上的热情起了复兴的作用。这就为社会教育作为一种社会进步工具的重要性，提供了一个生动的证据。"

中国文化教育领域在 1919 年之后发生了深刻的变化，杜威的哲学思想和教育理论在中国迅速传播，并在此后30年稳居中国教育思想主流，陶行知与他的几位中国学生发挥了极为关键的作用。陶行知不遗余力推行教育革新，在全国报刊上频频出现，他也由此开始跻身于文化教育界的名流之列。

1921年夏，为了接待孟禄到中国开展教育调查，陶行知与教育部部长范源濂、北大校长蔡元培、南开大学校长张伯苓以及北京师范大学校长陈宝泉等人在北京组织成立了实际教育调查社，范源濂和蔡元培分任正副社长，会议决定聘请哥伦比亚大学师范院主任孟禄博士来华，进行为期4个月的教育调查，希望"诊得我们教育症结之所在，以定医法方案"。

在陶行知的积极推动下，恩师孟禄在这一年的9月5日抵达了上海，陶行知几乎全程陪同了孟禄在华的调查和演讲活动。

	孟禄访华行程	
1921年	9月5日	孟禄抵沪。
	9月7日	陶行知随孟禄参观沪江大学并游览吴淞。
	10月7日	孟禄在南京江苏省教育学会讲《共和与教育》，陶行知任口译。
	10月21日	陶行知陪孟禄至苏州。次日孟禄在苏州第一师范讲《旧教育与新教育之差异》，陶行知任口译。
	10月下旬	陶行知陪孟禄由上海至香港，转赴广州参加全国教育联合会第七届会议，陶行知担任口译。
	11月13日	陶行知陪孟禄从广州到福州。次日，孟禄在省教育会讲演《科学教育》。
	11月23日	陶行知陪同孟禄至杭州，孟禄在省教育会讲演。
	11月24日后	陶行知陪孟禄至北方，在北京、天津、太原和东北各地调查讲学。
	12月7日	陶行知陪孟禄参观熊希龄及其夫人朱其慧主办的香山慈幼院。
	12月23日	中国教育界同人在北京中央公园为孟禄举办伐别会。
	12月27日	陶行知陪孟禄抵沪。次日，陶行知又随孟禄赴南通讲演。
1922年	1月4日	陶行知陪孟禄至南京，参加南高毕业同学公宴。
	1月7日	孟禄离沪，返回美国。

1921年，实际教育调查社同人与孟禄的合影，右四为孟禄，右三为陶行知

孟禄在中国的四个月时间里，足迹遍及上海、南京、苏州、香港、广州、福州、杭州、北平、天津、太原、东北等地，在各地进行了一系列座谈和演讲。

1921年12月下旬，教育界人士专为孟禄在北平召开了一场大型的中国教育调查讨论会。出席会议的有教育总长、各省教育行政负责人、各省教育会负责人、教育学术团体代表，指定的大学校长、教育系主任和特邀代表等人员，参会者多达1000余人。

孟禄在会上针对数月来的教育调查情况作了分享交流，他在最后的讨论阶段，广泛谈论了中小学校教育、教授法、课程、教育行政、教师职业、成人教育、特别教育、学校建筑与卫生等诸多问题。在这次教育调查讨论会上，如此多的教育人士聚集在一起，集中研究和讨论

在京召开教育讨论会后的大合影，前排左三为陶行知，左七为孟禄

这么多的教育问题，对中国的教育发展影响很大，会议通过这种"请进来"的办法让国内教育界各层次的人士与美国新教育弄潮人物进行面对面交流，效果很好，意义更是非同寻常。

在孟禄访华期间，多家著名刊物为他出版了《孟禄专号》，这份刊物在文教界掀起了一股"孟禄热"。1921 年 12 月 23 日，陶行知在中国教育界同人为孟禄举行的饯别会上，发表了他的感想："此次博士来华，以科学的目光调查教育，以谋教育之改进，实为我国教育开一新纪元。我们当这新纪元开始的时候，要参与教育革新的运动，须具两种精神：一是开辟的精神，二是试验的精神。有开辟的精神，然后愿到那人不肯到的地方去服务，然后我们足迹所到之处，就是教育所到之处。有试验的精神，然后对于教育问题，才有彻底的解决；对于教育原理，才有充量的发现。但开辟和试验两种精神，都非短少时间所能奏效的。我们若想教育日新日进，就须继续不已的去开辟，继续不已的去试验。"

次年1月7日,孟禄便启程回国,陶行知与黄炎培、郭秉文在码头送别了恩师。此时,陶行知和胡适等人已经开始编辑《孟禄的中国教育讨论》这本书。孟禄曾在1913年首次访问了中国,此次来访调查后对中国教育的革新运动印象深刻,他在《评新学制草案》一文中提道:"此次改革与欧美各国正在进行之改革,极相类似,诚足注意。所以如是类似者,殆由各国共通之民主主义、国家主义及实业主义之根本势力,相与酝酿而成此改革欤。"

陶行知在积极引入国外先进教育思想的同时,也和其他中国新教育的倡导者一起推动中国的教育界人士走出国门。陶行知和国内众多教育工作者一样,渴望了解世界教育的情况,希望和各国教育家交流经验,积极投身国际教育运动。

1921年8月,太平洋教育会议在檀香山召开,中国因准备不足,没能在会上取得满意结果。到了第二年2月,菲律宾召开了远东教育会议,中国政府直到1月20日才开始找代表出席,最后因政府的准备不足,没能成行。

陶行知深感挫败和遗憾,他在《对于参与国际教育运动的意见》一文中愤然说道:"我们以后若再懒惰,不早些从事准备,那世界真要以为中国没有教育了。世界以为中国没有教育犹事小,若中国真无教育可说,那就更可惭愧了。所以准备一层,决不可以单在对外或'广告'上做工夫。那最重要的准备,就是平日的成绩和随时的努力。"

他又提到:"近几年来,中国教育确有些不可埋没的地方;那可以告诉人而无愧的,也不在少数。可惜如同孟禄先生所说,这种种优点,都散在各处,没有人将他们会通起来,所以不但外人不得而知,即国内的人也是不相闻问的。所以我觉得一方面要有人办教育,一方面还要有人分门别类地观察、调查、研究各种教育之消长和真相，报告国人，使彼此有所参考。一旦有国际的联络发生，荷包里拿出来就是，岂不便当！"

"因为'给的能力'常和'取的能力'大略相等。能给多少，即能取多少。吾国近几十年来从东西洋得来的文化，多属肤浅，大半是因为我们所出产的，够不上第一流的交易。我敢断定要想在国际的教育上得到第一流位置，我们必须在教育上有第一流的贡献。"

陶行知一直积极致力于国际教育运动，1922年5月布鲁塞尔将召开第五次万国家庭教育大会，1923年旧金山将召开世界教育联合会成立大会，日内瓦将召开万国成人教育会议、美国发起的世界教育联合会将举行成立大会……一系列消息传到国内，让陶行知十分兴奋，他和教育同人们预测将来这类国际会议必定不少。

陶行知为了参加世界教育联合会，用一年多的时间调查汇编出了《中国之教育统计》，反映了前阶段中国教育革新运动的成绩。后来，陶行知被推举为参加第二届和第三届世界教育会议的代表，他为准备会议所写的《民国十三年中国教育状况》被收入了哥大师范学院国际教育出版社所出版的权威刊物《世界教育年鉴》里，成为向世界展示中国教育发展状况的一个代表作。

陶行知等新教育运动的倡导者对国际教育活动极为关注，并积极参与，促成国际知名教育家来华交流，推动中国与世界教育对话，是陶行知心中所愿，亦如他在《对于参与国际教育运动的意见》中所说："第一要自己晓得自己，第二要自己晓得别人，第三要别人晓得自己。自明，明他，他明。"

第九章 中华教育改进社

1921年12月初，陶行知陪同孟禄调查各地教育后返回北京。到了月中旬的时候，实际教育调查社完成了九省教育调查，邀请来自奉天、广东、福建、四川、浙江、江苏、山东、河南、山西、直隶等省的教育界代表70余人到北京开会，讨论教育改进的问题。参会的教育人士深感教育团体活动分散，已经不能适应中国教育改进的新形势和新任务，他们纷纷想要谋求联合。陶行知在《四年前的这一周》一文中回忆起当时的教育现况："现在回想到那时会场上一团和气的情形，真要令人认为黄金时代了。那时大家痛恶门户之见、派别之分，都愿意牺牲己见，力谋合作。"

1921年12月23日，实际教育调查社与新教育共进社、《新教育》杂志社三大教育团体合并筹设"中华教育改进社"，组成了中国近代第一个集教育研究、调查、编辑、推广四项任务为一身的教育机构。

正是在这天，中国教育界同人在北京中央公园为孟禄举行了饯别会，他们特意安排在孟禄饯别的会上宣布成立中华教育改进社，并聘请孟禄出任该社的名誉董事。

组成中华教育改进社的三大团体几乎囊括了大部分教育界的先进人物，成为中国新教育倡导者极具分量的一次集结。新教育共进社由江苏省教育会、北京大学、南京高师、暨南学校和中华职业教育社共同组成，实力极为雄厚，特别是由黄炎培、袁希涛等主持的江苏省教育会和中华职业教育社雄踞东南，在教育界声望极高。《新教育》

中华教育改进社第一届董事部常委合影,中排右一为陶行知

杂志是由蒋梦麟主编的月刊,同时陶行知和胡适也作为主力加入其中,实际教育调查社以北京师范大学为办公地点,核心骨干里有不少人加入了新教育共进社和《新教育》杂志。由此,中华教育改进社集合了陶行知、胡适、蒋梦麟、郭秉文等年轻教育新锐,还有蔡元培、范源濂、黄炎培、张伯苓等资深教育名家。中华教育改进社的成立推动了欧洲新教育和美国进步主义教育两大思潮在改进中国教育上的融合。

陶行知负责中华教育改进社的具体筹组工作,他和马叙伦、朱经农等人一起被推选为社章起草委员,社章通过后,教育部长范源濂、蔡元培等9人被推选为董事。1922年的春天,中华教育改进社在上海召开董事会,选举范源濂为董事长,聘陶行知为主任干事。

中华教育改进社以"调查教育实况,研究教育学术,力谋教育进

中华教育改进社第一次董事会议，左一为陶行知

行"为宗旨，确定出两种办事精神，即互助的精神和分析的精神。陶行知于 1922 年 12 月 23 日在中华教育改进社的周年纪念会上报告了本年的社务，他在报告中对两种精神进行了阐释："互助的精神，定本社事业的范围。教育界有人做的事，本社即让旁人去做；教育界有人做而需本社帮助的事，本社即帮助他；教育界没有人做的事，本社即努力去做；等到有旁人做了，本社又去做旁的事。分析的精神，即将许多大的问题分析为小的问题。以前教育界对于教育问题总是笼统的、宽泛的去研究。本社力矫此弊，对于教育问题，用分析的客观的方法研究。将大问题分析为数十数百个小问题，每一小问题至少有一人继续研究办理，如是即大问题也不难解决了。"

陶行知在被聘为主任干事前的新春写下了《放爆竹》一诗，表达出他对推进中国教育改进的热切期望：

一个个的放，一声声的闹。

它把新的惊起，把旧的吓跑。

放，放，放，

放到旧的不敢再来到。

放，放，放，不住的放，

放到新的不会再睡觉。

陶行知在改进社组建了女子教育委员会，并担任副主任委员，还被推为中华教育改进社国家教育改革委员会委员及促成宪法中制定教育专章委员会委员，身兼多职的他在这些工作中一个接一个地放响了他的"爆竹"。

改进社开展了大量教育调查工作，调查分为全面调查和专题调查两类。全面调查如1922年度和1923年度的全国教育调查，还有对北京、南京、无锡和济南等地的教育调查。专题调查会针对某一具体专项问题，进行调查，并提出解决办法，如关于各学科的专项教育调查。

改进社聘请了中外专家研究中国教育问题，分科分类地设立了31个专业性质的研究委员会来推进这些研究工作，还聘请了42个中外专家担任社刊《新教育》的编辑，并特约各国教育界的代表报告各国最新的教育信息。改进社积极推动着科学教育、女子教育和职业教育的工作，陶行知主持操办的四届规模盛大的年会，也取得了大量教育研究成果。

改进社在推进教育改革的过程中，对各种思想兼容并包。王西澂在1926年问到陶行知改进社的"颜色"时，陶行知郑重地回信说道："本社是透明的，不是白的，不是黑的，不是红的，不是灰的——是透明的，水晶样透明，使各种光、各种颜色都能透出真面目。"

改进社四届年会情况

届次	时间	地点	出席人数	会议分组	提案数	重要议案
一	1922.7.3—7.8	济南	366	20	119	推广女子教育案 推行平民教育案 接洽调查有关庚款用于教育案
二	1923.8.20—8.25	北京	570	32	120	修订社章和年会规程 参加世界教育会议案 推进义务教育和科学教育案
三	1924.7.3—7.9	南京	600	24	127	力谋收回教育权案 促进蒙古教育案 推进平民教育案
四	1925.8.17—8.23	太原	700	24	78	要求宪法内制定教育专章案 抵拒日英以庚款行其侵略主义之教育文化办法案 组织国家教育政策委员会案

主持改进社的工作让陶行知得到了一个从容研究并实践教育改革的机会，此时的陶行知还兼任着东南大学的教务工作，他大约三分之一的精力在学校，三分之二的精力在改进社，他每个月都要在北京和南京之间往返一次，"渐觉精疲力倦，难于支持"。陶行知深思熟虑后做出了一个决定。他在1923年7月28日这天给东南大学代理校长刘伯明写了一封信：

"本校教育科及中华教育改进社合聘知行担任两处职务，已经有一年半。虽职务性质颇有相成之处，但两地距离太远，每月来往一次，渐觉精疲力倦，难于支持，且教育科与中华教育改进社现已发展到不可兼任的地位。要想这两处事业继续充分发展，必须有人专心主持，若再兼筹并顾，譬如一个人站在两只船上，不到船翻人亡不止。静夜思量，不胜危惧……中华教育改进社约订三年，现在决无舍去之可能。本校正在改约时期，复请准予辞去教育科主任、教育系主任之职，但以教授名义，给予无俸之长假。俟中华教育改进社约满及有继任之人时，再行回校担任教授职务。行知订于八月初进京……务请即就本科教授中，另聘贤能担任科系主任职务，以便尽本月底交代。"

陶行知提出辞职时，南京高等师范学校已在1920年4月7日通过了"改组为大学"的决定，于当年的12月6日正式定名为国立东南大学。陶行知担任教育科主任和教育系主任，他一直对东南大学有着较深的感情，但出于负责的心态，他对东南大学和改进社的工作只能二选其一，为了能在改进社里专心工作，他只能放弃东南大学的教务工作。他之前就曾多次向校长郭秉文辞职，郭秉文也曾屡次挽留，最后只好同意他的请求，为他保留了教授名义，给予无薪长假。

由此，陶行知辞去了东南大学的教职，举家迁往北京，他的身份从大学教授彻底转为了职业教育家，全身心地投入到了中华教育改进社的民间教育运动中。

他在1923年写给妹妹陶文渼的信中说："我本来是一个中国的平民。无奈十几年的学校生活，渐渐地把我向外国的贵族的方向转移。学校生活对于我的修养固有不可磨灭的益处，但是这种外国的贵族的风尚，却是很大的缺点。好在我的中国性、平民性是很丰富的，我的同事都说我是一个'最中国的'留学生。经过一番觉悟，我就像黄河决了堤，向那中国的平民的路上奔流回来了。"

百年巨匠

陶行知 Tao Xingzhi

第十章 平民教育进万家

陶行知在《平民教育概论》一文中提到："'五四'以后,学生由爱国运动进而从事社会服务,教导人民,自动开设的平民学校遍地都是。虽办法不无流弊,却能引起我们对于平民教育改善的兴味。"

改进社从第二届年会起,就开始大力推动全国的平民教育。回溯之前平民教育的发展历程,陈独秀在1915年所写的《今日之教育方针》中,提出了教育的"唯民主义",呼吁把广大民众作为教育对象;李大钊倡导"纯正的平民主义";邓中夏以"增进平民知识,唤起平民之自觉心"为宗旨于1919年3月在北京大学发起组织了平民教育讲演团;毛泽东在湖南省立第一师范学校时,曾于1917年秋和1920年夏组织了两次平民夜校,对群众性进行普及教育。杜威来华讲学的两年时间里,也助推了平民教育思想在中国的传播,扩大了平民教育运动的范围。

1919年夏,陶行知曾组织南京高等师范学校暑假留校学生二十余人,调查研究失学成人补习教育问题。他们三人为一小组,跑遍了南京旅馆、茶馆等地方,访问了车夫、小贩等民众,经过细致的调查,寻求推行平民教育的途径。南京高等师范学校还开设了一所平民夜校,让工友、家属每天晚上学习一小时。他们还在附近的成贤街、四牌楼、唱经楼、鸡鸣寺等地方成立了平民识字班或是平民读书处。陶行知与学生们一起编辑平民识字课本,边教、边编、边改,油印之后再发给学生。经过两个多月的试验,陶行知等人初步摸索出了一些平民识字教育的经验。但这种教学形式仍旧零散，不成体系，更难以形成规模效应，让更多的人受益。

1922年7月3日至8日，中华教育改进社在济南举行了第一届年会，推行平民教育和女子教育成为这次年会119个议案中的重要议案，引发了陶行知对平民教育的思考，更激发了他想要推进平民教育的意愿。

1923年3月，陶行知专程参观了一处平民教育试验，这次教育实验由耶鲁大学毕业的晏阳初在浙江嘉兴创办，陶行知和晏阳初两位教育家有了第一次握手和交流的机会。当地用少数教师教多数平民学校学生的新方法办了两所平民学校，招生200余人，只用中学教师4人，平校采用大班上课的方式，每班学生多达百人以上。由两位老师轮流主领一校，每两周交换一次。他们巧妙运用心理学原理，采用幻灯教学，把图画、课文和生字清楚照下来，做成幻灯片，放给学生们看。很快，幻灯教学的优点就显现了出来，学生不仅容易记住知识点，还经久不忘，学习效果显著。学校的教师虽然少，但可以教许多学生，最终学生的成绩都较为优异。

陶行知对晏阳初的教育试验十分赞赏，1923年5月，陶行知与朱其慧、黄炎培、晏阳初一起发起成立中华平民教育促进会筹备委员会。6月，陶行知和朱经农一起合编了一本《平民千字课》，交商务印书馆出版发行。

1923年8月26日下午，改进社在清华学校举行了中华平民教育促进会总会的成立大会。促进会总会附属于改进社，成为改进社事业的一部分。

陶行知被推选为董事会的执行书记兼安徽省董事，他在起草的平民教育总会宣言中说道："一个共和国的基础稳不稳固，全看国民有知识没有。国民如果受过相当的教育，能够和衷共济，努力为国家负责，国基一定稳固。如果国民全未受过教育，空空挂了一块民国的招牌，是不中用的。请大家仔细想想：现在中华民国的国民到底有多少人是受过相当的教育的？倘使大多数的人还一字不识，民国的基础能够稳固吗？现在国内乱机四伏，工商业不能发达，推其原因，皆缘多数国民未受相当的教育，无职业、知识以维持生活。不幸者，即流为盗匪。同属人类，苟非全无知识，谁肯轻易牺牲？倘使人人识字读书，有了做国民的常识，自然不至做那危及生命的事业。大家勤勤恳恳谋生做事，各种乱源也就消弭于无形了。所以，我们如想挽救全国不安的景象，除了设法把平民教育推行全国之外，决无第二个好方法。"

中华平民教育促进会规定了三项方针，一是聘请专家对平民教育的各种问题进行分工研究，对推行方法、平民学校之组织及教学管理等问题进行研究；二是办理平民教育的各种试验，包括设立试验学校，培养推行人员等事宜；三是与各地各界全力合作推行平民教育，开展平民教育运动和各种宣传活动。

此外，促进会还有一个普及教育的宏大计划——在 5 至 10 年内完成中国 1 亿文盲的识字普及教育。当时 12 岁到 25 岁之间的中国国民还有 1 亿文盲，陶行知等人计划让每人花 6 角钱的经费成本，接受 4 个月的教育，获得学习 1000 个基础单字的共和国民基本教育。

陶行知和朱经农合力编撰的《平民千字课》，全书共 96 篇课文，在每日一小时的教学前提下，可供教师在 96 天或 16 周的时间里教完书中内容。1923 年 8 月，第一册《平民千字课》由商务印书馆出版，11 月时，第四册也开始对外发行。

陶行知在编撰《平民千字课》的时候，曾设了三个试验学校，来

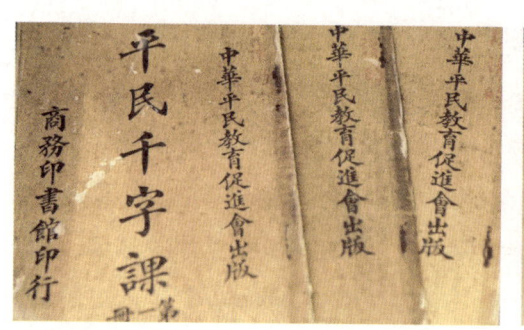

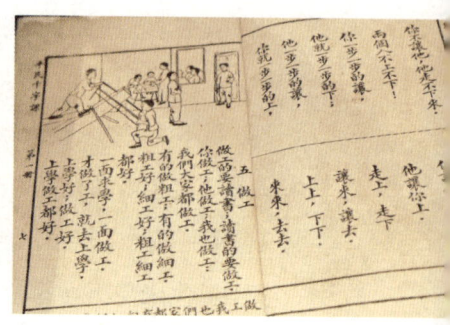

《平民千字课》

研究教材是否适用。三个试验学校里，有一个是专为女子设的，由陶行知的妹妹陶文渼和李浩然女士负责教学。在南京本城十一个平民学校行开学礼的时候，这个班的学生只读了一个月的书，就能在两千多人的面前高唱赵元任先生所编的《尽力中华歌》，到中秋时，班上的女生只学了三个月，就有二十几人给北京的陶文渼寄去了亲手写的信。试验学校的教学成果让陶行知感到惊喜和欣慰。

从这年秋季开始，陶行知就不辞辛劳地奔走于苏、皖、赣、鄂各省，积极推动平民教育促进会的发展。此外，陶行知也把平民教育送到了家里，姚文采、郑晓沧、廖茂如、陆志韦、徐则陵、陈鹤琴等先生都决定要把家变成课堂，让全家人都开始识字。

陶行知还把平民教育送进了私塾，他劝说私塾把《平民千字课》拿去替代《三字经》《千字文》《百家姓》，让他们先教《平民千字课》，再教《论语》《孟子》。

他还把平民教育送去了寺庙，他走进栖霞寺正殿的时候，见一个名叫慧空的和尚正在看《封神榜》。陶行知就与他攀谈起来。

陶行知问他："和尚要修行成佛，不会念经，可以吗？"

"不可以。"

陶行知再问："要念经念得好，不会读书可以吗？"

"不可以。"

陶行知便说："你们庙里还有四五位和尚不识字，就不会念经，不念经就不能成佛；大和尚何不去超度超度他们呢？"

陶行知随后对慧空和尚说，如果他能把全庙的和尚、俗工教得个个都能识字读书，还能通过考试，就给他发一张平民教师的证书，和尚欣然答应，陶行知就这样成功把平民教育送进了栖霞寺。

陶行知在游栖霞山时，遇到了一位向导大哥，他随即给这位大哥写信并寄上了一本《平民千字课》，他在信中说道："昨天承老哥带领罗先生和我游山，非常感激。我看老哥行事，听老哥谈话，觉得你是一个很明理的人，也是一个很顾家的人。老哥虽不识字，却是比那些识字的人好得多。临别的时候，你说愿意读《千字课》，并愿意读会之后还教一个别的人。这个意思很好。我现在寄上《平民千字课》一本。老哥读会了，就请再教一个别的人。谁要读这部书，一定要立志再教一个别人读。老哥自己可以请一位和尚教你。老哥读了四本之后，务必请你自己写一封信告诉我。我的通信处是：北京西四牌楼中华教育改进社。"

陶行知立志凡足迹所到之处，就是平民教育普及之处。他还要继续跋涉，把平民教育送入军队里、善堂里、工厂里、监牢里、尼姑庵里、济良所里……

11月12日的夜里，陶行知提笔给妹妹陶文渼写下一封信，他在信中激动地说道："平民教育的宗旨是要叫种种人受平民化。一方面我们要打通层层叠叠的横阶级。如贫富、贵贱、老爷小的、太太丫头等等，素来是不通声气的，我们要把他们沟通。又一方面我们要把深沟坚垒的纵阶级打通。纵阶级的最昭著的是三教九流七十行，江南江北、浙东浙西、男男女女等等都有恶魔把他们分得太严。这种此疆彼界也非打通不可。民国九年，南京高师办第一次暑期学校的时候，胡适之、王伯秋、任鸿隽、陈衡哲、梅光迪诸先生和我几个人在地方公会园里月亮地上彼此谈论志愿，我说我要用四通八达的教育，来创造一个四通八达的社会。我这几年的事业，如开办暑期学校、提倡教职员学生之互助、提倡男女同学、服务中华教育改进社，都是实行这个目的。但是大规模的实行无过于平民教育。我深信平民教育一来，这个四通八达的社会不久要降临了。"

经过陶行知一年多的奔走，全国已有15个省区成立了平民教育会，30万人学习了《平民千字课》。到了1924年底，平民教育运动推行到了20个省区，《平民千字课》教育惠及了50万人。后来《平民千字课》发行到了300万册，加入学习的人数更不止于此。

这时的平民教育运动还只是在城市开展，陶行知并不满足于当前的教育成果，他很快就将目光投向了占国土面积三分之二以上的广袤乡村，开始筹划惠益更多国人的乡村教育事业。

百年巨匠 陶行知 Tao Xingzhi

第十一章 探路乡村教育

1924 年 7 月，中华教育改进社在国立东南大学召开了第三届年会，陶行知在报告中提出了四项原则：一须创造合乎国情之中国式教育；二须建立有根的教育；三须全国教育界具有合作之精神；四须各种教育之具有分组研究之结合。

陶行知心里十分明确，要创造根植于中国国情的"中国式教育"，而当时的中国教育概况并没有完全贴合中国的国情来发展。平民教育实际上是在城里普及的，但城市只占中国的少部分，广阔的乡村尚未受到轰轰烈烈的教育运动影响，陶行知越发深切地感受到乡村比城市更需要教育。

他很快启动了他的乡村教育计划，聘请了金陵大学教授赵叔愚组建中华教育改进社乡村教育委员会。赵叔愚在哥伦比亚大学专攻乡村教育，对美国乡村教育有深入了解，他刚刚回国就被陶行知请来拟订改良乡村教育的计划。

自 1905 年清政府颁布"废除科举，广兴学堂"的诏令以来，中国的广大乡村一没新学的师资，二没钱兴建学校，清政府曾试图征用各地的寺庙来办学，却遭到了宗教界的反对，乡民对神佛的崇拜也远胜对新学的信仰。在十数年的时间里，新学在乡村几乎没有大的发展。到了 20 年代初，南京地区的大、中、小学还主要集中在市内，周边的乡村学校就像沙漠中的绿洲一样少见。整个北固乡只有两所小学，其中一所小学名为迈皋桥小学，学校只靠一位老师支撑教学，不久后便停办了，另一所则是公立燕子矶小学。

1924年初，燕子矶小学迎来了一位受过甲种师范讲习科训练的新校长，校长名叫丁超，他上任后通过洋文和古文并重的教学方式，取得了乡村民众的信任，经过了半年左右的时间，学校办学就有了很大的成效。

陶行知和赵叔愚在7月下旬一起到燕子矶小学参观考察，两人对这所乡村小学印象非常深刻。燕子矶小学"不但教学生读书，并且教学生做事……改造学校！改造环境！"

陶行知认为这是一所"用钱最少成绩好的活学校"，校长丁超带领师生将学校所在的关帝庙安排得妥妥当当，村民不知卫生，他就带领学生一次又一次地打扫，邻居们在潜移默化的影响下渐渐有了卫生意识，有时还会站出来指责乱倒垃圾的人，燕子矶也从此干净了。如此一来，全校无事不举，没有雇一个校工，大家分工协作，没有听差，学生肯做事，会做事，又省钱，又得到了社会的认可。

陶行知说："省钱不为稀奇，省钱而有这样的成效，却是难能可贵的。"陶行知和赵叔愚在回去的路上遇到了一场大雨，两人溅了一身的水，赵叔愚却连连说："值得！值得！值得！"

燕子矶小学被陶行知视为乡村教育改造的向导，他把这所小学定为改进社特约第一试验乡村学校。作为本社改造乡村教育政策的出发点。他组织一波又一波的教育人士去燕子矶小学等学校参观，让大家取长补短，提高各自的教育教学质量。

1925年8月，陶行知在中华教育改进社第四届年会的学术演讲中说："提倡以乡村学校为改造乡村生活之中心，乡村教员为改造乡村生活之灵魂。其具体办法，应试验乡村师范学校以实验之。"

1926年1月8日，陶行知在《新教育评论》上发表了《师范教育下乡运动》，他在文中指出，"中国的师范学校多半设在城里，对于农村儿童的需要苦于不能适应，城居的师范生平日娇养惯了，自然是不愿到乡间去的。就是乡下招来的师范生，经过几年的城市化，也不愿回乡服务了"，而"乡村师范学校负有训练乡村教师，改造乡村生活的使命"。

中华教育改进社在陶行知、赵叔愚的主导下，制订了改进乡村教育的实验计划。计划的第一步，便是在南京附近试办乡村师范和乡村幼稚师范，培养乡村小学教师和幼稚园教师。

当时的乡村小学十分落后，幼稚园教育也是弊病良多。10月23日，中华教育改进社准备在南京燕子矶开办试验乡村幼稚园，被选为副董事长的陶行知在几天后发表了《创设乡村幼稚园宣言书》，发表在1926年10月29日的《新教育评论》上。

他在文章中指出了国内幼稚园的三种大病害："一是外国病。试一参观今日所谓之幼稚园，耳目所接，那样不是外国货？他们弹的是外国钢琴，唱的是外国歌，讲的是外国故事，玩的是外国玩具，甚至于吃的是外国点心。中国的幼稚园几乎成了外国货的贩卖场，先生做了外国货的贩子，可怜的儿童居然做了外国货的主顾。二是花钱病。国内幼稚园花钱太多，有时超过小学好几倍。这固然难怪，外国货哪有便宜的。既然样样仰给于外国，自然费钱很多；费钱既多，自然不易推广。三是富贵病。幼稚园既是多花钱，就得多弄钱，学费于是不得不高。学费高，只有富贵子弟可以享受他的幸福。所以幼稚园只是富贵人家的专用品，平民是没有份的。"

陶行知明确表示，中华教育改进社即将创办的燕子矶乡村幼稚园将会革除这三种弊病，一要建设中国的幼稚园，二要建设省钱的幼稚园，三要建设平民的幼稚园。

陶行知（后者）亲自到燕子矶选择乡村师范的校址

　　1926年12月，陶行知发表了《中华教育改进社改造全国乡村教育宣言书》："本社的乡村教育政策是要乡村学校做改造乡村生活的中心，乡村教师做改造乡村生活的灵魂。我们主张由乡村实际生活产生乡村中心学校，由乡村中心学校产生乡村师范。乡村师范之主旨在造就有农夫身手、科学头脑、改造社会精神的教师。"

　　当时的中国，时局动荡，政党纷争不断，全国各地教潮、学潮风起云涌，教育界也受到了极大冲击，中华教育改进社"一团和气"的景象消失了，各项社务全面受阻。陶行知在写给改进社学术部主任凌冰的信中提到："本社之所以山穷水尽，是因为中国教育已到山穷水尽了。""山穷水尽！好一个山穷山尽！这是天帝给我们另找生路的惟一机会。我们应当欢欢喜喜的接受这个机会，共同为本社找条生路，为中国教育找条生路，为中华民国找条生路。"

　　在夹缝之中全力挣扎的陶行知在《中华教育改进社改造全国乡村教育宣言书》里表明了决心："要筹募一百万元基金，征集一百万

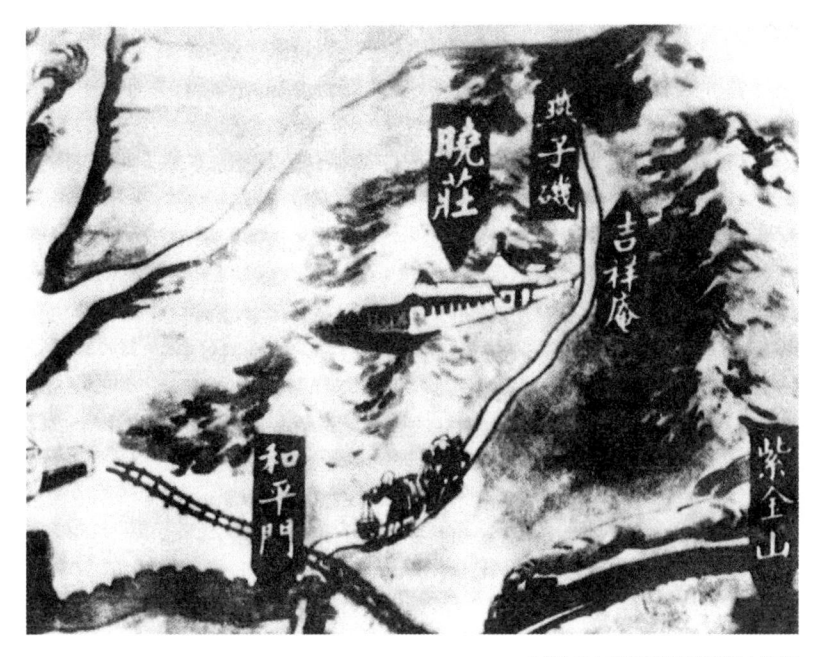

试验乡村师范学校的校址地图

位同志,提倡一百万所学校,改造一百万个乡村。这是一件伟大的建设事业,个个国民对他都负有绝大的责任。"

试验乡村师范学校的校址经过一番严格勘察,改进社最终选定了南京神策门外老山脚下的小庄,还征得了田园二百亩、荒山数座作为未来的校园。在这片土地上,即将建立起小学师范院和幼稚师范院,即将为国家培养出一大批小学教师和幼稚园教师。

12月27日,陶行知以中华教育改进社的名义向江苏教育厅发出了申办乡村师范的公函,三天后,他收到了教育厅的复函:

> 迳启者,接准公函,内开:以贵社拟在南京神策门设立试验乡村师范学校第一院,定于下年春季开学,附送简章,

嘱为赞助,等因准此。查贵社为改进乡村教育师资及试验师范学校制度起见,拟在南京神策门外设立试验乡村师范学校第一院,事关改进乡村教育师资,自当尽力赞助,除将简章存备查考外,相应函复,即希察查。江苏教育厅,十二月卅一日。

陶行知对办学宗旨、教学方法、办学目的、开设科目、招生人数、校舍设施都已有规划,他从12月初就开始筹募办学资金,他在上海多方拜会友人,收获不小,中华教育改进社出资9642元,江苏省教育厅也答应会尽力赞助,最为慷慨的安徽籍商人程霖生一次性特别捐助了13000元,办学经费有了着落,陶行知心里悬着的大石终于落地。

他在写给妻子和妹妹的家书中表达着"年年难过年年过,今年已可安安稳稳过年了"的愉悦心情,他满心欢喜地迎来了1927年的元旦,激动地写下了这段文字,迎接新年的到来:

"我们充饥的油盐菜米面是从那里来的?我们御寒的棉花丝绸是从那里来的?我们安居的房屋所用的木石砖瓦是从那里来的?"答案是:"都是从乡下来的,都是乡下人的血汗换来的。"所以,"我们今天不应该下乡拜年,下乡送礼,下乡报恩吗?我们今年不应当为乡下同胞做点事吗?我们今生不应当化点钱,尽点心,用点力,为乡下同胞减少些痛苦,增加些幸福吗?"

百年巨匠 陶行知 Tao Xingzhi

第十二章 牛棚校长

陶行知和赵叔愚一行人来到试验乡村师范学校的选定地址,这座靠着老山的小庄村,依山傍水,桃林似锦。陶行知对同行的赵叔愚说:"老山太老了,这名字不好,不如叫劳山。小庄也应改叫晓庄。我们在这里创办试验乡村师范,在劳力上劳心,中国的教育必将从这里破晓,放出曙光。"

1927年1月10日,北伐军的战火即将蔓延到南京。就在此时,一份刊登在各大报纸杂志上的风格迥异的广告引起了大家的注意,中华教育改进社创办的试验乡村师范学校开始招生了:

培养目标:(一)农夫的身手;(二)科学的头脑;(三)改造社会的精神。

考试科目:(一)务农或土木工操作一日;(二)智慧测验;(三)常识测验;(四)作文一篇;(五)五分钟演说。

本校准备:(一)田园二百亩供学生耕种;(二)荒山十里供学生造林;(三)最少的经费供学生自造茅屋住;(四)中心学校数处供学生实地教学做;(五)指导员数人指导学生教学做。

投考资格:初中、高中、大学末一年半程度学生;有农事或土木工经验;及在职教师有相当程度,并愿与农民共甘苦、有志增进农民生产力、发展农民自治力者,皆可投考。倘有志兴办乡村小学者，为预备师资起见，选择合格学生，保送来校投考，尤所欢迎。少爷、小姐、小名士、书呆子、文凭迷，最好不来。

1月15日，陶行知非常意外地收到了清华大学二年级学生操震球的一封信，操震球六年前还在安徽时，就已经多次听说了陶行知的教育理念，并且很受启发。他虽然正在全国著名的清华学校读书，但所学的专业与他的志向不符，他感到索然无味，想要放弃，但又不知道可以做什么。他正彷徨和迷茫时，在《新教育评论》上读到了陶行知写的《中华教育改进社设立试验乡村师范学校第一院简章草案》，不禁推案乍起，欣喜若狂！恨不得生出两个翅，立刻飞来报名。他在1月5日给陶行知写了一封信，他在信中提到了他的一个困惑，试验乡村师范学校的考生资格中，要求大学生以最后一年半毕业为限。他现在还只是二年级学生，资格略有不足，希望向陶行知寻求通融的办法。同时，他表明了自己的志愿，决意从事乡村教育，创建中心学校，为教育事业鞠躬尽瘁、死而后已。

操震球的求学热情让陶行知很受鼓舞，陶行知在回信中说道："晓得您愿意离开清华学校，投考试验乡村师范，不禁喜出望外。您在清华学校好比是天上的天使，皇宫里的王爷，现在要发宏愿，放弃养尊处优，回到人间，过我们茅草屋的生活，这种'佛不入地狱，谁入地狱'的精神，简直要叫我们五体投地的佩服。"

接着，陶行知在信中理智地问了他几个问题："您既有这种宏愿，我就应当把个中的甘苦明明白白的告诉了您，还望您慎重考虑一番，再行决定。田家生活是要蛮干的，您愿意吗？您能打赤脚在烂污泥里奔走吗？您不怕把雪白的脸晒得漆黑吗？您不怕软手上起硬茧吗？您不怕在风霜雨雪中做工吗？您不怕挑粪吗？您愿意和马牛羊鸡狗猪做朋友吗？在城里人的眼光看来，这都是苦处；其实乡下人并不以为苦。乡下人也有城里人想不到的乐趣。……您还能亲眼看见您所栽培的儿童个个桃李似的一年一年的长大，一直到成家立业。您还能亲眼看见全村农夫农妇人人读书明理，安居乐业。您也许可以看见您的村庄和全国的村庄都成为村民自有自治自享的村庄；也许您亲眼看不见，要到令郎令孙的时代才能看见，您能忍耐吗？倘使经过这番考虑之后，您决意要来投考，我们万分欢迎。我们办这个学校要把学校里误人子弟的观念一齐打得破破碎碎……如果你能打破文凭迷信，（大学）二年级程度可以通融，认为合格。"

另一个考生程本海不顾家庭和朋友的劝阻，也要过来追随陶行知，他放弃了上海中华书局编辑所图书馆主任的职务，毅然投奔了晓庄。方与严在安徽中小学和教育行政部门工作了近20年，已是不惑之年的他带着一子一女前来投考，一家三人变成了同学，这桩趣事一时成了晓庄的美谈。除了这些慕名而来的学生，还有一些教育名流推荐过来的青年才俊也纷纷来报考试验乡村师范学校。

2月5日，正是立春之时，学校举行了隆重的奠基典礼，五百多人前来参加奠礼。陶行知在演讲中宣布，将老山改为劳山，小庄改为晓庄，寓意"劳力上劳心""日出而作"。

陶行知还借机实现了他在元旦时的那个诗意妙想，他请参加奠礼的宾客们向农民们拜年，场面十分热络。他也提前住进了晓庄农户陆健祥家里，当天晚上，他就和其他几个客人睡在了稻草铺成的地铺上，同室而卧的还有一只大水牛！陶行知在写给孩子们的家书中隆重地提到了他和"牛大哥"同铺而睡的乐事。

在新校奠礼圆满结束后，陶行知又赶赴上海，主持召开乡师董事会。晓庄学校的九名董事均由中华教育改进社聘任，陶行知担任董事部书记。试验乡村师范学校设置了三部，即执行部、研究部和监察部，执行部下又分设第一院(小学师范院)和第二院(幼稚师范院)。陶行知担任书记兼校长，赵叔愚担任第一院院长兼研究部部长。会议还讨论通过了试验乡村师范学校的组织大纲、董事会章程、会计章程及计划预算书等诸多事宜。

陶行知多次往返于上海和南京，为晓庄师范的事日夜奔波。他每天都要面对千头万绪的事，承受着难以想象的巨大压力，学校能否建起来，教学能维持多久，都是未知，陶行知就这样靠着一张嘴和一双腿把一个又一个难关闯了过去。

2月下旬时，晓庄学校的重要事宜都准备就绪，开学的日子不远了，然而此时此刻，北伐军离南京城也不远了！大战在即，有人向陶行知提议延期开学，陶行知也担心战乱会影响考生的报考，不免为战事发愁。就在他思虑战争的诸多不利影响时，他又萌生了一个巧妙的想法，他打算借此特殊时期，把战火作为考生的一道考题！陶行知经过一番思量之后还是决定如期开学。由此，他在《乡教丛讯》上向考生发布了通告：

本校誓与村民共休戚。村民既须在枪林弹雨之下耕种，吾校断不因时局不靖而辍学，故投考开课均照公布之日期办理，决不变更。

陶行知在通告中除了公布考试日程和考试内容之外，还不忘关心学生的赴考行程：

诸位往燕子矶去：(甲)由下关去的——可在下关雇黄

包车，直往燕子矶小学，相距十五里，随身可带行李，车价每辆共约小洋五六角。此路太狭小了，夜行不便车行，你们要走这条路，当在白天的时候。(乙)由南京城内去的可由神策门去——由神策门至燕子矶相距约十二里，黄包车亦可通行。

结果，考生们通往考场的路比预想中还要难走，外界通往南京的几条道路都受到了战火的侵扰，三路交通，都已断绝，陶行知甚至做好了心理准备，只要能来三个考生，他就满足了。

考生报到的结果让他大为惊喜，来自北京、湖北、安徽、江西、浙江、上海、苏州等地的考生就有13个人！另有20多人因为特殊原因一时不能前来，还特意写来请假信要求补考入学！

3月11日，晓庄师范开始了招生考试，陶行知亲自监考。考场就设在燕子矶的茅草屋里，考试分为笔试和口试。笔试的内容是两个小时的"国文"、一个小时的"常识测验"、一个小时的"智慧测验"，口试就是"演说"和"辩论"。

笔试的"国文"题从两道试题中任选一题作答，一题是"孟子说：'劳心者治人，劳力者治于人'，这句话对吗？"，另一个题是"有人说我们办试验乡村师范是许行之道，对吗？"

口试的内容包含了社会、家庭、时事、教育、乡村等20个题目，选题头一天就贴在墙上，公布出来了。20个题目各自编号，做成了20个小竹牌，小竹牌放在一个小布袋里，供考生们随机摸取。考生们拿着竹牌，就能找到墙上对应的题目。但他们每人只有5分钟的准备时间，时间一到，他们就要上台开始5分钟的即兴演讲。

演讲台下有中心小学的师生和附近的农民，旁边有指导员看钟按铃和打分。这种阵势不免让考生们感到紧张，这种测试也不单是知识和口才的测试，还是一场心理素质的测试。

原本第二天是劳动考试，结果一场春雨的突袭让原定的计划延期到了第三天。在劳动考试这天，上午有三个小时的垦荒和施肥考试，下午是三个小时的修路考试。

垦荒的考场设在荒山上，学校用白粉线画好了一个个方块，作为每个考生的专属作业领地，随后给每个考生发了一把锄头。随着号笛一响，考生一起向各自的"领地"冲去，他们使出浑身力气抡起锄头拼命挖刨了起来。考生们个个累得满头大汗，有些考生的手掌很快就磨出了血泡，他们却越干越来劲，最终用血汗交出了一份优秀的考卷。

经过了几天的考核，晓庄师范迎来了第一批学生，被春雨洗礼过的他们对学业充满了期待，对未来即将从事的教育事业满怀信心。

四个月后，陶行知和晓庄的师生们一起建造出了女生宿舍，准备招收中国首批下乡的女学生。他给前来报考的女生出的试题更是别致，加试的题目竟是"愿意不愿意倒马桶？"

陶行知自然不是要为学校找一个愿意倒马桶的女生，他看中的是学生的心态，一个女生愿意倒马桶，就能打破小姐的架子，她的一双手就能成为有用的手，有了一双有用的手，才能创造更大的价值。最后，晓庄师范录取了两位女学生。

最初经历开学考试的那十三名考生，经过了几天别开生面的考试，全部被录取。他们在第四天办完了入学手续，第五天时就迎来了正式开学。

陶行知在3月13日的家信中写道："乡村师范前天如期招考，居然还有十三位来应试，可算难得。当这风声鹤唳、草木皆兵的时候，只望有三个人来，已是天字第一号。如今三上加十，恰是基督十三门徒之数，大家都为我们庆贺。还有二十多人请假补考。来到的人都非常有精神，真是可喜！"。

晓庄的生源十分特别，教师也同样特别。陶行知一直宣称，晓庄没有专能的教员，只有经验较为丰富的指导员。陶行知首开先例，把那些实践经验丰富的劳动者当做学校的师资，提出"农夫、村妇、樵夫都可做本校的指导员"。

同时，陶行知延聘了一些名师来专任或兼任各科的指导员，赵叔愚兼任第一院院长，金陵大学教授邵仲香兼任农艺指导员，留美8年的生物学博士秉农山兼任生物指导员，北京协和医学院的博士陈志潜专任卫生指导员。

关于自然科学指导员一职，陶行知特意向吕镜楼发出了邀请。吕镜楼同意赴职后，陶行知在回信中写道："承兄不弃，慨然屈就，弟等谨为全国农家子弟鞠一万个躬，表示一万分的欢迎。前因久不得复示，已决定北上前来亲自劝驾，一次不允，继以二次，二次不允，继以三次、四次、五次，甚至十次、百次，必得吾兄许可而后止。"

此外，陈鹤琴、江问渔、姚文采、吴研因、许士骐、张宗麟等人都是学校指导学习的教师资源。这所乡村师范学校的师资力量也是相当雄厚，让世人刮目相看。

学校的校舍也是前所未有的特别，晓庄学校开办之初，没有校舍，就以青天为顶、大地为底、二十八宿为围墙。陶行知认为这是世界上最伟大的学校，师生们是以宇宙为学校，奉万物为宗师。

在校舍建成之前，师生们有的暂住在燕子矶小学，有的住在帐篷里，有的借住在农民家里。陶行知借住在一户农家的牛房中，和"牛大哥"同室而眠，成了名副其实的"牛棚校长"。

晓庄的全体师生头戴草笠，脚穿草鞋，全身心投入到了学校的建设中。他们盖起了宿舍、厨房和厕所等生活用房，也盖起了图书馆、大礼堂、科学馆、艺术馆、办公室、教室等教学场所。

他们用茅草来搭校舍的屋顶，用泥土做成的砖块来砌墙，在墙上涂抹石灰，建造出一个又一个暖心的房子。这些屋顶金黄、屋墙白亮的校舍坐落在高低不一的山坡上，与周围的自然景致融为一体，交相辉映。

晓庄时期的陶行知

这些校舍也有着别具一格的名字，晓庄的第一栋建筑是大礼堂，方与严曾提议将礼堂命名为"锄宫"，陶行知提出的"犁宫"得到了大家的赞同，他们还在大门两旁挂上了"和马牛羊鸡犬豕做朋友，对稻粱菽麦黍稷下功夫"的对联。

厨房被师生们叫做"食力厅"，厕所被称为"黄金世界"，图书馆取名为"书呆子莫来馆"，女生宿舍在桃园边，定名为"桃花村"。幼稚园在樱桃园畔，定名"樱花村"。后来，陶行知全家从北京迁到南

犁宫

桃花村

京的晓庄后，在晓庄盖了一座与普通农舍无异的茅草房，他为之取名为"五柳村"。

1927年3月15日，是中国现代教育史上意义非凡的一天，晓庄试验乡村师范学校正式开学。晓庄经历了多日的春雨，竟在开学的这天迎来了晴空和朝阳。学生和指导员一大早就穿着草鞋，扛着帐篷，从暂住的燕子矶小学出发，来到了晓庄，开始布置开学典礼的现场。

他们搭起了四顶帐篷，向农民们借了一张八仙桌和几条长板凳，供来宾休息，然后又用木料搭出一个主席台，会场布置得十分简朴。参加开学典礼的人，除了十几名学生和几名教师外，还有南京教育界和文化界的官员、学者，比如江苏省教育厅厅长江问渔，南京市教育局的陈鹤琴等人，更多的来宾则是附近闻讯赶来的乡民。

陶行知走上了由茅草和木板搭建而成的临时礼台，他看着晓庄的师生和来自四面八方的来宾发表了演讲："本校一无校舍，二无教师，本校之校舍，上以天为盖，下以地为址，所造者不过避风雨之所，所

劳山下的晓庄师范全景

聘者均为指导员,再农夫樵子,猪狗牛羊,均能给予智识。"

赵叔愚在典礼上说道:"读书人不愿作事,治事人不肯读书,死读死耕,永不接近,吾等须一方读,一方做,一方教,不可泥于书本,更须以大自然为范本。"

晓庄活了,成了一片生机勃勃的"知识沃土",师生们在这片土地上开展学术演讲,进行体育锻炼,去农民家交朋友,甚至是下田干活,这些让人匪夷所思的事却是学生们每天都要上的课程。田间是教室,劳动是课堂,这对当时的中国教育界来说,是一场开天辟地、脱胎换骨的教育革命。

陶行知后来写下《新大学》一文,发表在《生活教育》杂志上,他在文中写道:

《大学》里面说:"大学之道在明明德,在亲民,在止于至善。"这是从前的"大学之道"。新的"大学之道"就不同了。依照新的眼光看来,它就变成了"大学之道在明大德,在亲大众,在止于大众之幸福"。

第十三章 教学做合一

1919 年，陶行知在南京高师任教时坚持把"教授法"改为"教学法"，提出了"教学合一"的理念。到了 1922 年，北洋政府颁布了新学制，又称壬戌学制。这时期的陶行知更进一步提出了："事怎样做就怎样学，怎样学就怎样教；教的法子要根据学的法子，学的法子要根据做的法子。"至此，陶行知的"教学做合一"的理论已经成立，但"教学做合一"的说法还未正式提出。

1925 年时，陶行知在南开大学演讲，他仍用《教学合一》为题讲述他的教育新思想，南开校长张伯苓建议他改称之为"学做合一"，陶行知深受启发，便直接称之为"教学做合一"。

1927 年 3 月，晓庄试验乡村师范学校正式开学，陶行知将"教学做合一"定为了学校的校训。11 月 2 日，陶行知首次在晓庄学校里进行了题为《教学做合一》的演讲，对这个思想理念进行了明晰的阐释：

> 去年撰《中国师范教育建设论》时，即将教学做合一之原理作有系统之叙述。我现在要把最近的思想组织起来作进一步之叙述。教学做是一件事，不是三件事。我们要在做上教，在做上学。在做上教的是先生；在做上学的是学生。从先生对学生的关系说：做便是教；从学生对先生的关系说：做便是学。先生拿做来教，乃是真教；学生拿做来学，方是实

学。不在做上用工夫，教固不成为教，学也不成为学。从广义的教育观点看，先生与学生并没有严格的分别。实际上，如果破除成见，六十岁的老翁可以跟六岁的儿童学好些事情。会的教人，不会的跟人学，是我们不知不觉中天天有的现象。因此教学做是合一的。

……再进一步说，关于种稻的讲解，不是为讲解而讲解，乃是为种稻而讲解；关于种稻而看书，不是为看书而看书，乃是为种稻而看书；想把种稻教得好，要讲什么话就讲什么话，要看什么书就看什么书。我们不能说种稻是做，看书是学，讲解是教。为种稻而讲解，讲解也是做；为种稻而看书，看书也是做。这是种稻的教学做合一。一切生活的教学做都要如此，方为一贯。否则教自教，学自学，连做也不是真做了。所以做是学的中心，也就是教的中心。"做"既占如此重要的位置，宝山县立师范学校竟把教学做合一改为做学教合一。这是格外有意思的。

第二天，陶行知做了一个题为《在"劳力"上"劳心"》的演讲，补充叙述了"教学做合一"的思想：

昨天我讲《教学做合一》的时候，曾经提及"做"是学之中心，可见做之重要。那末我们必须明白"做"是什么，才能明白教学做合一。盲行盲动是做吗？不是。胡思乱想是做吗？不是。只有手到心到才是真正的做。世界上有四种人：一种是劳心的人；一种是劳力的人；一种是劳心兼劳力的人；一种是在劳力上劳心的人。

陶行知所主张的不是劳力与劳心并重，而是在劳力上劳心：

> 一次我和一位朋友讨论本校主张在劳力上劳心，我的朋友说："你们是劳力与劳心并重吗？"我说："我们是主张在劳力上劳心，不是主张劳力与劳心并重。"
>
> ……真正之做只是在劳力上劳心，用心以制力。这样做的人要用心思去指挥力量，使能轻重得宜，以明对象变化的道理。
>
> ……运用心思指挥力量以求物之变化，那便不至于堕入迷途。在劳力上劳心，是一切发明之母。事事在劳力上劳心，便可得事物之真理。人人在劳力上劳心，便可无废人，便可无阶级。

还有一次，一位朋友对陶行知说："你们在劳心上劳力的主张，我极端的赞成。"

陶行知回应道："如果是在劳心上劳力，我便极端不赞成了。我们的主张是'在劳力上劳心'，不是'在劳心上劳力'。"

陶行知为晓庄学校的13名考生所出的两道"国文"笔试题里，其中一题是"孟子说：'劳心者治人，劳力者治于人'，这句话对吗？"

这道题就是陶行知"在劳力上劳心"的一次思想实验。陶行知在编写的《平民千字课》里的《孟夫子》这篇课文中讲道：

> 孟夫子也生在山东。他生的时候，孔夫子死了将近一百年了。孟夫子看见各国天天打仗，那不打仗的，也都喜欢用阴险的手段来欺人，心里觉得很难过。所以他拼命反对打仗。他说：各国争城争地，杀人无数，打仗真是一种大罪过。

会打仗的,都应该受最重的刑罚!他又说:我们应当爱人,应当讲公理。他周游列国,总把这些话,和各国的国王说,却没有人肯听。孟夫子以为一国之内,最贵重的就是人民。国王做事总要顺从人民的意思。全国的人都说某人可用,方才可以用他;全国的人都说某人可杀,方才可以杀他。国王万不可照着自己一个人的意思去杀人用人。所以大家说孟夫子是中国第一个提倡民权的人。

陶行知赞同孟子的这些观点,却不赞成孟子"劳心者治人、劳力者治于人"的理论,陶行知的理想是消除阶级,建立大同社会,所以劳心和劳力必须是统一的,而这种"统一"是在劳力上劳心,而不是在劳心上劳力。

陶行知在晓庄学校的教学过程中,另一个重要思想也逐渐清晰起来,叫做"生活即教育""社会即学校"。

这个思想理论源自他的恩师杜威的生活教育思想"教育即生活""社会即学校"。陶行知于1929年5月19日在晓庄学校寅会上演讲时说:"'教育即生活'是杜威先生的教育理论,也就是现代教育思潮的中流。我从民国六年(1917年)起便陪着这个思潮到中国来,八年的经验告诉我说'此路不通'。"

因为当时中国的国情和美国的国情大不一样,照搬杜威的教育理论到中国来,终究是"不通"的。那时的美国已经进入高度发达的工业社会,中国还在由农业社会向工业社会过渡,国情不同,社情不同,教情自然也有所不同。美国已经到了高等教育开始普及化的阶段,而中国当时的文盲就占了全社会的80%以上。因此,杜威的理论再好,也很难在中国推行。

1928年3月，陶行知在晓庄周年纪念会上发表"教学做合一"的讲话

陶行知逐渐明白，中国的教育必须结合中国的国情，走自己的专有道路。杜威的教育理念在中国的特殊国情下，被陶行知改为了"生活即教育""社会即学校"。

陶行知在《普及现代生活教育之路》一文中阐述道："我们可以说：'生活即教育。'到处是生活，即到处是教育；整个的社会是生活的场所，亦即教育之场所。因此，我们又可以说：'社会即学校。'"

他在《中国大众教育概论》一文中生动说明了"社会即学校"："大众教育用不着花几百万几千万来建造武汉大学那皇宫一般的校舍。工厂、农村、店铺、家庭、戏台、茶馆、军营、学校、庙宇、监牢都成了大众大学的数不清的分校。客堂、灶披、晒台、厕所、亭子间里都可以办起读书会、救国会、时事讨论会，连坟墓都可以做我们的课堂。"

陶行知在1930年时做了题为《生活即教育》的演讲，他在演讲中把"生活即教育""社会即学校"的思想做了更为细致的解析：

"生活即教育"这个演讲，从前我已经讲了两套，现在重提我们的老套。

第一套就是：

是生活就是教育，不是生活就不是教育；

是好生活就是好教育，是坏生活就是坏教育；

是认真的生活，就是认真的教育，是马虎的生活，就是马虎的教育；

是合理的生活，就是合理的教育，是不合理的生活，就是不合理的教育；

第二套是第二次讲的时候包括进去的，是按着我们此地的五个目标加进去的，就是：

是康健的生活，就是康健的教育，是不康健的生活，就是不康健的教育；

是劳动的生活，就是劳动的教育，是不劳动的生活，就是不劳动的教育；

是科学的生活，就是科学的教育，是不科学的生活，就是不科学的教育；

是艺术的生活，就是艺术的教育，是不艺术的生活，就是不艺术的教育；

是改造社会的生活，就是改造社会的教育，是不改造社会的生活，就是不改造社会的教育。

演讲的最后，陶行知再补充了一套"生活即教育"的理念：

我们是现代的人，要过现代的生活，就是要受现代的教育。不要过从前的生活。也不要过未来的生活。若是过从前的生活，就是落伍；若要过未来的生活，就要与人群隔离。以前有一部书叫做《明日之学校》，大家以为很时髦的，讲得很熟的。我希望乡村教师，要办今日之学校，不要办明日之学校。办今日之学校，使小学生过今日之生活，受今日之教育。

关于"社会即学校"，陶行知则说：

与"生活即教育"有联带关系的就是"学校即社会"。"学校即社会"也就是跟着"教育即生活"而来的，现在我也把它翻了半个筋头，变成"社会即学校"。整个的社会活动，就是我们的教育范围，不消谈什么联络，而它的血脉是自然流通的。

……现在我还有一个比方：学校即社会，就好像把一只活泼泼的小鸟从天空里捉来关在笼里一样。它要以一个小的学校去把社会上所有的一切东西都吸收进来，所以容易弄假。社会即学校则不然，它是要把笼中的小鸟放到天空中去，使它能任意翱翔，是要把学校的一切伸张到大自然界里去。要先能做到"社会即学校"，然后才能讲"学校即社会"；要先能做到"生活即教育"，然后才能讲到"教育即生活"。要这样的学校才是学校，这样的教育才是教育。

陶行知在《生活即教育》中把教育发展分作了三个时期：

第一个时期，是生活是生活，教育是教育，两者是分离而没有关系的。

1930年，陶行知在全国乡村教师讨论会上讲述"生活教育"后，与会代表在"犁宫"前合影

第二个时期，是教育即生活，两者沟通了，而学校社会化的议论也产生了。

第三个时期，是生活即教育，就是社会即学校了。这一期也可以说得是开倒车，而且一直开到最古时代去。因为太古的时代，社会就是学校，是无所谓社会自社会、学校自学校的。这一期也就是教育进步到最高度的时期。

晓庄学校成为陶行知教育理念的试验地，在他的人生道路和教育思想两方面划出了一条新的起跑线。晓庄学校的这段教学实践时期亦是陶行知教育思想的重要形成期。他在这段非凡的办学过程中，将原有的教育理念转化为中国式的教育之道，让"教学做合一""生活即教育""社会即学校"的教育思想深入到大众心中，逐渐走向了更广、更远的地方。

百年巨匠
Century Masters
陶行知
Tao Xingzhi

第十四章 晓庄时代

1928年8月1日，在学校不断发展扩大的情况下，陶行知与指导员们讨论决定将晓庄试验乡村师范学校改名为晓庄学校。晓庄学校在创立之初，设立了三个分目标：养成农民的身手、科学的头脑、改造社会的精神。到了1929年，增加了两个目标，养成康健的体魄、艺术的兴趣。1930年时，又增加了一个目标，养成有计划的生活。

陶行知将这些目标重新排序，让晓庄师生在生活教育的总纲领、总目标下，践行这六项分目标——过康健的生活、劳动的生活、科学的生活、艺术的生活、改造社会的生活和有计划的生活。

从小喜欢体育活动的陶行知深知体育锻炼的重要性，他把康健的体魄被放在了生活教育目标的首位。晨间体育锻炼，全体登山运动是晓庄生活的一日之始。学校还专聘了一位武术家来指导师生习武。在每年的春秋两季，学校还要举行联村运动会。

1928年4月，晓庄举行了第一届联村运动会，学校把比赛项目进行了因地制宜的改造，竞走比赛改造成挑柴和挑粪竞走，陶行知校长也参与了其中，"牛棚校长"此后又多了一个

晓庄校旗

耕牛比赛

"挑粪校长"的称号。

　　此外，运动会也有学生擅长的跳远、短跑、掷球等田径项目，以及举石担、玩石锁等比赛项目。学校在举行登山比赛时，大学院院长、晓庄董事长蔡元培因足疾无法参加，大学院副院长杨杏佛和吴稚晖都加入了比赛。

　　师生们锻炼好了身体，还能保障学校和乡邻的社会治安。晓庄地属江南丘陵，附近村庄时常成为土匪地痞袭扰的目标，岁末年终是土匪最横行的时候。晓庄在1928年8月组织了联村自卫团来防御土匪。陶行知兼任了总指挥，晓庄的学生和附近的青壮年农民约有百余人都参加了自卫训练。自卫团在时任军政部长冯玉祥的支持下，获得了数十支旧枪。冯玉祥还派军官过来指导军训，教学生操练、打靶、使用野战战术等。陶行知认为这种保乡救国的教学活动"不是武八股，乃是真本领"。

　　第二个目标是农夫的身手。"农事教学做"是晓庄最重要的课程之一，课堂设在试验农场。每个学生都要承包耕种菜地一分、普通农

在田间劳作的师生们

作物地五分和荒山地一亩。学生按地缴纳租金，每年菜园地一元，作物地二元，荒山地一元。学校会为他们供应种子、肥料和畜力，并建立两个委员会为他们做技术指导。一个是顾问会，顾问由经验丰富的老农来担任，一个是设计会，由中央大学和金陵大学的农学教授来帮助学生完成设计安排。学生们收获的农产品由农场按时价收购，供学校师生食用，剩余的农产品会拿到市场上正常销售。

除此之外，晓庄还开辟了果园、苗圃和林场供师生们来此"教学做"。每天下午4至5时是晓庄师生的农事活动时间。师生们就一到时间就穿着草鞋，头戴草帽，挽起袖口，在山坡田间忙碌起来。

"犁宫"的大门上贴有一副陶行知写的对联："和马牛羊鸡犬豕做朋友，对稻粱菽麦黍稷下功夫。"陶行知认为学生应该被培养成有生存能力的人，而不是"书虫"，他在《中国乡村教育之根本改造》一文中提出："中国乡村教育之所以没有实效，是因为教育与农业都是各干各的，不相闻问。教育没有农业，便成为空洞的教育，分利的教育，消耗的教育。农业没有教育，就失了促进的媒介。倘有好的乡村学校，深知选种、调肥、预防虫害之种种科学农业，做个中心机关，农业推广就有了根据地、大本营。一切进行，必有一日千里之势。"

陶行知邀请姚文采来晓庄教生物课时，请他丢开课本，不用照本宣科，"随时教育、随地教育、随人教育"。

姚老师对陶行知的新教学方式感到迷惑，到了傍晚时分，他又费解地看到陶行知和两个叫花子聊得起劲。不久之后，陶行知叫学生带那两个叫花子去洗澡，随后对姚文采说："这是我从南京夫子庙请来的两位老师，来教大家捉蛇。晓庄附近有许多蛇，经常咬伤人，让蛇花子来教大家捉蛇，你看怎么样？"

姚文采觉得十分有趣，于是学生们就跟着那两个捉蛇的老师进了山里实地学习，几天之后，胆子最小的女学生不仅不怕蛇，还学会了捉蛇。经过了捉蛇的实践课，姚文采再向大家讲关于蛇的生物课时，学生们不仅兴趣更浓，对生物知识也有了更深的理解，从而也能更灵活地运用知识。

陶行知曾在一次晨会上告诫全体师生："倘要感化农人，必须自己先受农人感化。"他在晓庄学校设立了一门特殊的课程，内容就是要学生跟农民交朋友。最开始，这门课程叫"到民间去"，陶行知后来觉得不妥，"到民间去"显得学生们高高在上，没有把学生和老百姓放在同等位置，于是就把这门课改成了"会朋友去"。

每周四下午，"会朋友去"成了晓庄每个学生的必修课，它要求学生穿着农民的装束，说着农民的话语，先进行一番个人的农民化，再让学生们融入农民的生活。学生们需要完成的调查工作应以密查的方式为主，不用演讲式，只用谈话式，和农友交谈时要避免抽象的理论，多引证具体的实例。假如会朋友时遇到的问题不能解答，就提交师范本部进行讨论。

1928年11月"会朋友去"活动表

时间	内容
11月8日	调查烟馆、赌窟，努力开展戒烟禁赌运动；请友随时报告来历不明的人；绘制各村简明地图
11月15日	调查各村人口及学龄儿童并实行劝学
11月22日	调查各村年长失学者并招收民众学校学生
11月29日	认识各村的好领袖和痞棍
12月6日	调查各村家畜及农作物产额
12月13日	调查各村无业游民
12月20日	调查农暇手工业种类及其情形
12月27日	农暇的娱乐种类及其场所
1月3日	调查各村的官产寺院
1月10日	调查各村经济状况
1月17日	调查各村田丘亩数
1月24日	破除迷信运动

（《会朋友去》，《乡教丛讯》1928年第2卷第22期）

晓庄学校的第三个目标是科学的头脑，晓庄建起了科学馆，添置了科学仪器设备，中国科学社每周都会派专家过来讲演并指导专业。陶行知认为教师只有具备了现代自然科学和社会科学知识，才能更好地服务于乡村，他们要用科学的方法来指导农耕、培养农民。

晓庄师生们以"晓庄科学化"为口号，成立了"晓庄科学社"，社里分出了生物、物理、化学和数学四个研究组，把生物研究列为了重点。陶行知在给学生叶刚的回信中提到："生物学是乡村学校培养科学头脑最简便、最省钱、最有趣味的学科。不注重生物，便不成其为乡村学校，便在改革之列。"后来，晓庄生物室制成了3000余件动植物标本，供学生和农民参观学习，成为学校教学改革的一大成果。

"书呆子莫来馆"先后购置了两万余册图书,有较多古今中外的名著,也有大量的自然科学著作,还有许多进步的社会科学书籍。学校每月都会为学生拟定一批必读书目,学生们定期阅读这些必读书籍,还会根据个人爱好自由选择课外书籍,他们还必须做好笔记,到了月终之时,接受老师的检查考核。

晓庄学校的第四个目标是艺术的兴趣,陶行知善于诗文,他在融入乡村生活后,诗作也多了一番乡野韵味,他曾笑称"一闻牛粪诗百篇",他写的诗歌通俗易懂,深受晓庄师生和农民朋友们的喜欢。

《自立歌》:"滴自己的汗,吃自己的饭,自己的事情自己干,靠天靠地靠祖上,不算是好汉。"

《手脑相长歌》:"人生两个宝,双手和大脑。用脑不用手,快要被打倒!用手不用脑,饭也吃不饱。手脑都会用,才算是开天辟地的大好佬。"

他在1927年11月创作的《锄头舞歌》后来就成为了晓庄的校歌,歌词通俗易懂,朗朗上口,被乡民们广为传唱。

在晓庄最受推崇的艺术形式还是戏剧。陶行知认为戏剧具有综合多种艺术的特点,让师生们在音乐、美术、文学、歌舞等方面都能得到锻炼。他明确主张"以戏剧来培养艺术的兴趣"。

国歌《义勇军进行曲》的词作者、知名戏剧家田汉先生在1928年与徐悲鸿、欧阳予倩组建了南国艺术学院。后以"团结能与时代共痛痒之有为青年作艺术上之革命运动"为宗旨,成立了南国社,要将戏剧艺术从殿堂推向民间。1928年12月15日,南国社开始在上海、南京、杭州等地举行第一次巡回演出。

陶行知在当月就写下了一封邀请信,在20日派人进城送交田汉先生,陶行知想邀请南国社剧组到晓庄为农民朋友们演出,他在信中

《锄头舞歌》(南京山歌调)

写道:"自从诸先生来到首都,城里民众唤不醒,乡下民众睡不着。唤不醒,连夜看戏,早上爬不起来也;睡不着,想看戏,路远,无钱也。诸先生以艺术天才,专攻白话剧,必能为中国戏剧开一新纪元。知行谨代表晓庄农友、教师、学生向诸先生致以最高敬礼,亦欢迎诸先生下乡现身说法,以慰渴望。此地有千仞岗,可以振衣;万里流,可以洗脚。下乡一游,亦别有乐趣。敬公推陈金禄、潘遗尘、赵颜如三先生前来奉约,如蒙俯予接见,不胜感激之至!"

田汉欣然答应了陶行知的邀请,决定在南京巡演结束后,就立即去晓庄为农民朋友们专场献演。很快,陶行知期待的时刻来了,南国社演员在大雪纷飞之下带着道具,坐车前往晓庄。乡村道路泥泞不堪,他们到傍晚时分才赶到。

陶行知为他们举行了一个简单的欢迎会,他风趣地说道:"今天我是以'田汉'的身份欢迎田汉。晓庄是农民的学校，农民是晓庄师生的好朋友，我们的教育是为种田汉而办的教育……所以我是以'种田汉'代表的资格在这儿欢迎田汉。"

田汉在致辞中也幽默回应："陶先生说，他是以'田汉'的资格欢迎田汉，实不敢当。其实我是一个假'田汉'，能够受到陶先生这个真田汉的欢迎，实在感到荣幸，我们一定要向真田汉学习。"

南国社为晓庄师生和农友演出了《苏州夜话》《颤栗》和《生之意志》三幕话剧。田汉很快意识到剧情和农民朋友们的生活有一定距离，于是他们连夜创作了反映乡村生活的哑剧《一文钱》和独幕话剧《新村之夜》，演员们也连夜排练，第二天继续为晓庄农友表演。

南国社的到来把晓庄的文学艺术氛围推向了一个高潮，激发了叶刚等学生的文学艺术创作，也深深影响了吉祥庵小学创办人谢纬榮，富有表演才华的他在南国社剧组离开之后，就积极推动起晓庄剧社的建立。不久后，晓庄师生们很快组建起一个30余人的"晓庄剧社"，陶行知担任社长，他不仅为剧社创作了多部独幕剧，有时还亲自登台演出，他和谢纬榮一起演出过话剧《生之意志》。1929年11月下旬，陶行知带领剧社到镇江、无锡、苏州、上海、杭州等地巡回演出，当时报刊上的文章还称"晓庄剧社赚了许多观众的眼泪"。

晓庄学校的第五个目标是改造社会的精神。陶行知在1929年所写的《地方教育与乡村改造》一文中明确指出："办学和改造社会是一件事，不是两件事。改造社会而不从办学入手，便不能改造人的内心；不能改造人的内心，便不是彻骨的改造社会。反过来说，办学而不包含社会改造的使命，便是没有目的，没有意义，没有生气。所以教育就是社会改造，教师就是社会改造的领导者。"

晓庄成立了社会改造部，陶行知兼任部长，社会改造部分设了总

1929年，陶行知出演《生之意志》的剧照，饰老父

务、教育、卫生、农林、交通、水利、自卫、经济、救济、妇女、编辑、调查12股。同时，社会改造部划定了改造区域，在学校周围和平门、上元门、观音门、尧化门、太平门以内数十平方公里的范围内实行了大量改造任务。

教育方面，晓庄学校在开办之初就设立了平民学校，后来学校在各村还设立了平民读书处。1928年初，晓庄学校又与中央大学合办了实验民众学校，随后又在神策门、三元庵和万寿庵办起了民众学校。

休闲娱乐方面，晓庄师生先后在佘儿岗、黑墨营、神策门等地开办了中心茶园，并在茶园里配备了乒乓球、围棋、象棋、画报、胡琴、笛子等用品。农民们有听说书的爱好，师生们就轮流到茶园来讲《三国演义》《水浒》等新书。

医疗卫生方面，学校大力推行免费治病的方式帮助大家改善医疗环境。晓庄乡村医院由学校卫生指导员负责，承担起了医疗和教育的双重任务，在正常的治病救人的同时，还为学生们教授"卫生教学做"专业课。1928年夏季，南京流行霍乱，死了数百人，晓庄师生积极宣传预防措施，同年下半年，陶行知和卫生部接洽，在晓庄设置了乡村公共卫生实验区。1929年2月，晓庄和周围农村被评为了乡村卫生模范区，医疗卫生成绩显著。

晓庄学校的第六个目标是有计划的生活。"计划"是所有目标得以贯彻执行的保障，也是陶行知十分重视的做事方法。晓庄学校有三张生活计划表，一是当天的工作，二是本周的工作，三是本月的工作。陶行知在1928年提出了"生活历"，它是一种生活日程，按照学生们的定期生活情况，"组成系统，以为因时施教之依据。故生活历系有定期生活之系统，亦即有定期教育之系统"。陶行知将其称为改造传统教育的有力武器和开创未来新教育的基础。

晓庄的全部课程都包含在中心小学活动教学做、分任院务教学做、征服自然环境教学做、改造社会环境教学做、学生自动的教学做这五个方面的教学做活动中，全部的课程涵盖了晓庄的全部生活。陶行知曾说："我们的实际生活，就是我们全部的课程；我们的课程，就是我们的实际生活。"

除了晓庄学校，陶行知推行的教育改进让晓庄周围的学校遍地开花。他把中心小学作为师范学校中心的教育试验，成立了晓庄中心小学，人们习惯把师范学校自办的小学称为附属小学，陶行知却不同意这个叫法，他要打破附属小学是师范学校附属品的陈旧观念，坚持称之为"中心小学"。他认为："中心小学是师范学校的主脑，不是师范学校的附属品。中心小学是师范学校的母亲，不是师范学校的儿子。中心小学是太阳，师范学校是行星。师范学校的使命是要传播中心小学校的精神、方法和因地制宜的精神。"

1927年11月11日，陶行知创办了中国历史上第一个乡村幼稚园，燕子矶中心幼稚园。紧接着，他相继创办了晓庄中心幼稚园、尧化门中心幼稚园、万寿庵中心幼稚园、平门中心幼稚园。后来，他又把中心幼稚园普及到了中心小学所在的村庄。

1928年3月，在晓庄建校一年之际，学校让五位指导员各指导一名学生，负责因地制宜地用最少的经费去创办一所单级小学。这个试验很快就取得了成果，五所单级中心小学陆续出现在了晓庄周围。师生们在办校过程快速成长，从单级小学的教学做工作中，快速锻炼出了建设中心小学的能力。

1929年夏，晓庄的各个中心小学已经有了第一期高小毕业生。陶行知为了解决农村孩子升中学的问题，着手创办了劳山中学。这所中学的教员由师范部的指导员和学生兼任，不额外支付他们薪水，虽然师范部指导员的薪金原本就少，但他们对此毫不在意，对教育事业的热情与日俱增。

上官世赋教英语，留法博士师范部的理科指导员丁柱中教物理，董纯才教生物，操震球教国文同时兼任劳山中学的主任（即校长），师范部指导员陆静山担任教音乐教师。中学的课程编制由课堂教学和实际操作相结合，第一期学生40余人，本地学生走读，外地学生在校住宿，学生的饮食起居都与师范生一起，便于统一照顾。陶行知为了贯彻他的教育思想，把四个儿子都安排在晓庄中学和小学学习。有朋友曾劝他把孩子送到大城市里上更好的学校，他却回应说："我自己办的学校连我自己都不信，把孩子送到城里去，那成什么话！"

晓庄学校逐渐发展壮大，拥有了中心小学、幼儿园、幼儿师范、民众夜间学校、晓庄医院等组织机构。晓庄的办学引发了一阵创设乡村师范的风潮。全国各地的学生和教育人士纷纷前来，取经学习。

美国教育哲学家克伯屈教授是陶行知在哥伦比亚大学的老师，他在美国时就听闻了陶行知在中国推行的教育试验，他在1927年第一次来中国的时候，就想来晓庄参观，那时的晓庄刚刚创办不久，然而克伯屈因为种种的原因，最终没有成行。到了1929年第二次来华时，他就满怀期待地来到了晓庄。

1929年10月，克伯屈如愿参观了晓庄，参观了陶行知创办的一系列学校。陶行知在《生活即教育》一文中记录了克伯屈与他的一番对话。

克伯屈是刚离开俄国就来了中国，他对陶行知说道："在离莫斯科不远的地方，有一个人名夏弗斯基的，他在那里办了一所学校，主张有许多与晓庄相同的地方。"

克伯屈所说的地方对俄国的教育影响很大，他好奇地问陶行知是否和夏弗斯基有过文字上的互通。陶行知回应说没有，并询问克伯屈："夏弗斯基这个人是不是共产党？"

克伯屈说不是。

"他不是共产党，又怎么能在共产党政府之下办教育呢？"陶行知继续追问。

"因为他是要实现一种教育的理想，要想用教育的力量来解决民生问题，所以俄政府许可他试验，他在俄政府之下也能生存。"克伯屈回答。

陶行知说："这一点倒又和我相合，我在国民党政府之下办教育而我也不是一个国民党党员。"

克伯屈也师从杜威，20世纪20年代后期，杜威的教育思想在美国逐渐由盛转衰，开始被各种新的教育流派批评和修正。陶行知"依照实际生活的方法来实现生活的教育"，将杜威的经典教育理念转化为中国式的教育理念。克伯屈则对陶行知的中国式教育改革极为赞赏，对他一手创办的晓庄学校给予了极高的赞誉，他预言晓庄将"作为教育革命的策源地"，"过了一百年以后，大家要回过头来，纪念晓庄！欣赏晓庄！"他还表示："无论到什么地方，都要宣传在中国的晓庄有一个试验学校，把这里的理想和设施，宣传出去，使全世界的人知道。"

克伯屈把校歌《锄头舞歌》的中英文歌词带回了美国，这首歌后来由美国著名低音歌王、黑人歌唱家罗伯逊演唱，还被制成了唱片，晓庄动人的旋律就这样在国际舞台上流动了起来。

晓庄的一系列教育成果使得陶行知在全国乃至世界名声大振，有人称他为"中国之杜威"，称晓庄是"中国的'明日之学校'"，有人奉他为乡村教育运动的总司令，更有崇拜者提出了"陶知行主义"的专用术语。

国内各界名流纷纷慕名前来参观晓庄，除了蔡元培、杨杏佛、蒋梦麟这些教育名士之外，还有军政部长冯玉祥等人。最引人注目的是，国民党领袖蒋介石偕夫人宋美龄于1928年下半年两度来到晓庄，参观教学情况。

晓庄逐渐声名远扬，晓庄的学生在社会上也广受欢迎，有人回忆"每到寒暑假，全国各省、市、县的教育单位，邀请晓庄同学前去服务的函电，好似雪片纷纷飞来。只见事来找人，没有人去找事"。

晓庄学生们有的去担任了乡师校长，有的去做了教育局局长，更多的学生去了各县市的学校当教师、校长，或者从事乡村教育研究。

晓庄的创立，是中国现代教育史上的一大新创，在晓庄学校的影响下，安徽、福建、广东、江西、山东、河南、江苏、浙江等省在1927

年后增设了湘湖师范学校等许多乡村师范学校。全国各地掀起了创办乡村师范学校的热潮，民间办学蔚然成风。看着全国的师范教育日益兴盛，陶行知极其欣慰地感慨着："老山劳，小庄晓，新时代，推动了。"

百年巨匠
Century Masters
陶行知 Tao Xingzhi

第十五章 封不了的晓庄

第十五章 封不了的晓庄

1927年，3月15日，晓庄学校举行了热闹的开学典礼，燃放的爆竹声和北伐革命军的枪炮声汇成了一片。4月18日，蒋介石成立了国民政府，定都南京。三年之后，国民革命军的枪声在晓庄学校响了。

南京国民政府一直在采取种种措施加强对国内教育的控制，除了全力整顿教学内容，严格审查制度之外，当局还在强力镇压学校的进步运动，查封"赤化"的嫌疑学校，捕杀"赤化"的嫌疑师生。

1927年6月，国民党下令"通缉学阀"，一批曾经得罪过国民党的学界知名人物成了打击对象。通缉令上的"学阀"大多是陶行知的好友，有久负盛名的章太炎，美术教育家刘海粟，还有江苏教育会的黄炎培、袁希涛等人。

北伐胜利后，强调"平民政治"、反对独裁的冯玉祥和蒋介石的矛盾日益激化，最终，冯玉祥和阎锡山结成了反蒋联盟，与蒋介石的国民政府彻底决裂。陶行知和冯玉祥的友情早在平民教育运动时就结下了，陶行知创办了晓庄学校后，两人关系更为密切。冯玉祥曾在1927年底邀请陶行知出任河南教育厅厅长，陶行知虽然坚决推辞，但仍然前往开封、郑州等地考察教育，协助制订了军队的教育计划，还指导晓庄学生为西北军编写了《军人千字课》。后来，冯玉祥给晓庄捐款，建造了河南、陕西、甘肃三馆和一处名为"冯村"的私宅。冯玉祥到南京担任"行政院"副院长兼军政部长之后，很少到冯村休息，但陶行知每有所求，他都会尽力帮助。

1929年3月12日是孙中山逝世四周年的纪念日，此时的冯玉祥秘密离开南京，为"护党救国"筹划反蒋事宜。当时，陶行知在对学生讲演时说道："我们从前看戏看过一幕包公案，当着审案的时候，忽然有了两个包公，一个是真的，一个是假的，那个假的便是妖怪。主义也同样有真有假，党员也同样有真有假；只有真的三民主义才能救中国，只有真正的党员才能救中国。什么是真的三民主义呢？什么是真的党员呢？真的三民主义只有一本，只有中山先生所遗留的一本，其余什么人解释的都是假的，都是靠不住的。"

1930年2月，鲁迅等领衔发起的"中国自由运动大同盟"在中国共产党的支持下在上海成立。同盟坚持争取言论、出版、结社、集会等自由，强烈反对当局在文化领域的高压政策。消息传到南京后，中共南京地下党市委发动晓庄、金陵大学和中央大学等校的部分进步师生在晓庄附近组织成立了该同盟的南京分部。晓庄学生刘季平被选为分部负责人，学生叶刚还在会上高唱《国际歌》，高呼"打倒蒋介石"。分部成立后，晓庄学生成了这个组织的骨干力量。不久之后，发生的"坐火车不打票事件"和"四五事件"，逐渐把国民政府的炮火引来了晓庄学校。

1930年3月下旬，晓庄各中心小学要去南京郊区的栖霞山春游，进行旅行修学。许多小学生没钱买票，他们就开会讨论解决办法，有人发出了小朋友坐火车不打票的倡议。于是，地下团支部就拟定了一份《晓庄学校小朋友为争取旅行上学坐火车不打票宣言》。到了3月31日，晓庄各中心小学的200多名师生以不打票的方式从和平门车站上车，下午又以同样的方式从栖霞山回了学校。他们还在车上，散发宣言传单，将这个主张推行开来。

第二天，铁道部部长孙科就派人给陶行知送来了一封信，要求他严查并严加管束学生。结果陶行知把信张贴在了晓庄学校，公示给了所有师生，他随后回复了这位哥大老同学一封信，信中提出希望铁道部拟定《小学生免费旅行条例》，并通告全国小学试行条例。陶行知还在信中调侃道："此亦实现孙总理民权主义之一具体措施也。"

3月下旬，10余艘日舰以实习航路为借口，擅自进入了长江，停在下关。中共南京地下党发动了罢工等抗议活动，政府当局以调解为名，进行武力镇压，最终有2人失踪，多名工人受伤，酿成了"四三惨案"。中共地下党发动各校师生组成"四三惨案后援会"，4月5日上午，五六百名学生集合在中央大学操场，反对英商压迫工人，反对日舰停泊下关！其中100余名晓庄中小学生是游行队伍的基本群众，他们被国民当局认定为这次运动的发起者。

4月7日上午，蒋介石在"纪念周"上报告说："前天和记洋行发生工潮，随着学生游行，此事教育界同市政府是要负责任的。现在共产党造谣，如果学生轻信谣言，为共产党来做工作，有越轨行动，政府要当他反革命一样处置的。要知道从前在北京反革命政府时代，青年为革命而游行示威，是可以的。现在革命政府之下，如果有反动的行为，那就是自绝于革命，不但是徒然牺牲，而且负了反革命的名号，是决没有益处的。所以现在如果哪一个学校，哪一个团体，无故煽动风潮，政府必要严加制裁。"

蒋介石所指的学校，首当其冲的就是晓庄。蒋介石已下令停办晓庄，这天的上海《申报》刊载了这份公告。

《京卫戍部令晓庄师范停办》：

　　晓庄师范被首都卫戍部查悉印发反动传单，七日该部严令该校暂行停办，以待整理，并函知教部查照。

4月8日，陶行知起草《护校宣言》以示抗议："晓庄学校，被当局勒令停办了。被当局越过教育部而直接勒令停办了。被当局以秘密开会莫须有之罪名而勒令停办了。乡村教育之发祥地停办在乡村教育没有普及之前，是何等的痛心啊！中华民国的忠仆能以自己的生命换取中华民国之生命，又是何等的光荣啊！革命的教育摧残于所谓'革命政府'之手，是何等的令人难解，而又是何等的令人失望啊！"

陶行知在宣言里无所畏惧地回应了国民政府："晓庄的门可封，他的嘴不可封，他的笔不可封，他的爱人类和中华民族的心不可封。"

国民政府对校长陶行知也发布了通缉令："为晓庄师范学校校长陶知行勾结叛逆，阴谋不轨，查有密布党羽，冀图暴动情事，仰京内外各军警、各机关，一律严缉，务获究办。此令。"

陶行知提早一天从朋友处得到了他被通缉的消息，他来到城内一处晓庄师生的临时集合点，准备向大家告别。

昏暗的灯光下，陶行知从容地走进了屋里，师生们静下来，凝视着他，等候他说出什么喜讯或噩耗。随后，陶行知严肃地说话了，他几乎是一个字一个字吐出来的："我是来向你们告别的！"

陶行知微笑说："他们下令通缉我了，这是蒋的密令，明天凌晨就要执行。我得乘今晚十一点半的快车赶到上海去！"

陶行知慈爱而严肃，他在这个斗室里来回踱步，最后，他默默从口袋里掏出了一些钱送给师生们，叮嘱他们："必要时，你们得向上海转移，不要硬拼！"

随后，陶行知在通缉令正式执行的数小时之前悄悄离开，去了

晓庄学校

第十五章 封不了的晓庄

上海。

"陶知行赤化"的风声相继传出,一些知己好友开始半信半疑,他们关切地问陶行知:"你究竟是蓝色、是黑色、是红色?"

陶行知回答道:"我一样也不否认。我的静脉是蓝的;我的头发是黑的;我的血是红的。"

1930年4月12日,凌晨,南京卫戍司令部派军警查封晓庄,五六百名荷枪实弹的军警分乘十多辆汽车,轰轰隆隆地来到了晓庄。他们在查封晓庄时遇到了一个讽刺性的难题,晓庄没有校门,也没有围墙,他们不知道该把封条贴在哪里。

开放的晓庄与社会之间从未有过界限,此时的晓庄已经不再是一所学校,而是学校群,甚至是广阔的社会,正如陶行知所写的《诗的学校》:"宇宙为学校,自然是吾师,众生皆同学。"军警们封无可封,只能把封条贴在晓庄的黑板上,贴在校园的大树上,以此完成了封校任务。

晓庄学校蓬勃发展了三年,先后招生四期,第一期(1927年3月)有13人入学,第二期(1927年9月)有7人入学,第三期(1928年2月)有30多人入学,第四期(1928年8月)有60多人入学。当时的晓庄被称为"世界新教育的一道曙光",也是"中国乡村教育的发祥地",留下了"军中有黄埔,师中有晓庄"的美誉。陶行知在《护校宣言》中说到晓庄的"种子已遍撒全社会,在人所不到的地方,已经有了晓庄的生命"。

百年巨匠 陶行知 Tao Xingzhi

第十六章 「科学下嫁」

晓庄学校被国民政府武装军警强行解散，先后被捕入狱的师生多达 30 余人。共产党学生党员石俊、叶刚、郭凤韶、谢纬棨、袁咨桐、姚爱兰、沈云楼、汤藻、马名驹、胡尚志等 10 名学生党员、共青团员先后在雨花台被杀害，他们被称为"晓庄十英烈"，年龄最大的 23 岁，最小的仅 16 岁。

一系列的噩耗让陶行知感到痛心疾首，他没有被现实击垮，也从未放弃过心中理想，他暂居在上海的一个同乡家中，在黑暗中仍然继续着他的教育事业。

江苏淮安的新安小学是晓庄学校的一个试验田，1929 年春，陶行知受安徽会馆的邀约，选派晓庄学校的学生吴廷荣、蓝九盛、李友梅三人到苏北淮安去创办新安小学，陶行知在三人走前专门对他们说了一番话："你们此次到淮安去，是一支远征的军队。你们是到那里去创造，不是到那里去享受。你们是去为农人和儿童谋幸福……我们是树起新教育的旗帜，和旧的传统教育奋斗……你们要抱着我们的主张到那里去开疆拓土，到那里去做一种新教育的试验。"

陶行知对这所学校寄予了很多希望，然而办学艰难，新安小学遇到了经费极缺的大难题，蓝九盛三个人打算把最值钱的大衣当了，来补充教学经费，结果他们跑了三十里路，也没换得期望的两块大洋。

陶行知听闻此事后，在 4 月 30 日以"何日平"的笔名给他们写了一封信：

新安小学部分师生在古庙校舍前合影

友梅、九盛、和中、达之：

　　接到你们四月二十四日所写的信，知道你们用两件大衣跑了三十里路当不得两元钱，又饿着肚子跑回学校。这件事是你们在长江北岸为乡村教育史写成悲壮的一页，亦即光荣的一页。我们是何等的安慰而又是何等的敬佩你们啊！在前一个礼拜，我们接到文采先生转来的信，即汇了三十元经常费给你们，可惜竹因不慎，给扒手拿去了。我只希望这人需要此款比你们还切，那么我们总算对于他有些贡献了。但是想念着你们的困难，急的了不得，立刻又凑了一笔款寄去，谅已收到了吧！请你们放心，你们要我们做的事，我们是已经做了，我们是决不会忘记你们的。捧着一颗心来，不带半根草去。你们抱着这种精神去教导小朋友，总是不会错的。

江苏淮安的新安小学旧址

这年的秋天，遭遇现实重创的陶行知写下了一首《伤别》："皎皎天上月，今夜又团圆。吾念岁寒友，都在离恨天。"大约在10月，陶行知为避难暂别了上海，东渡去了日本。

陶行知在日本前后待了半年之久，他在日本的这段时间里，仍坚持读书学习，东京帝国大学图书馆和上野图书馆这两所东京规模最大的图书馆里时常有他的身影。他发现日本这个国家十分重视科技，日本正是在现代化的进程中，迅速发展起来的。他深刻认识到"在二十世纪科学昌明的时代，应当有一个科学的中国"。

1931年3下旬，陶行知"潜回"了上海，他在黄炎培的推荐下在上海《申报》担任总顾问。《申报》的大股东史量才是颇有气节的报业家，他在1929年购入了《新闻报》的大部分股权，当

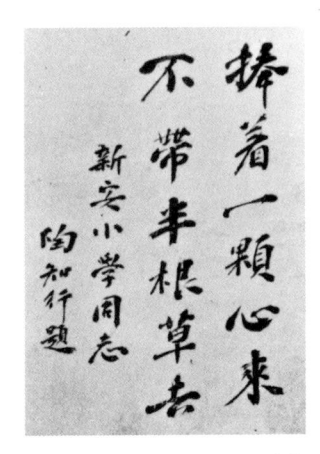

陶行知写给新安小学的信

第十六章 科学下嫁

时的《申报》和《新闻报》是全国发行量最大的两家报纸，史量才由此成为了上海报业界的大王，甚至是全国最大的报业企业家。

1931年夏，陶行知认为科学是工业文明发展的关键，他得到了史量才十万元资助，以此作为提倡科学的基金。随后，他在上海西摩路创办了自然学园，开展"科学下嫁"运动，打算用通俗易懂的语言和例子把高深的科学知识普及到工农大众和儿童中去。

陶行知在《儿童科学教育》一文中指出："因为要建设科学的中国，第一步是要使得中国人个个都知道科学，要使个个人对于科学上发生兴趣。年龄稍大的成人们，对于科学引不起他们的兴趣来。只有在小孩子身上，施以一种科学教育，培养他们科学的兴趣，发展他们科学上的天才。"

"我们的教育向来有许多错误，小时读书便成了小书呆子，做教师时便成了大书呆子。因此我们中国没有什么科学，没有什么爱迪生的产生。不但是中等教育完全是洋八股，就是小学也成了小书呆子的制造场。我们提倡科学，就是要提倡玩把戏，提倡玩科学的把戏。科学的小孩子是从玩科学的把戏中产生出来的。我们要小孩子玩科学的把戏，先要自己将把戏玩给他看。任小孩子自由的去玩，不能加以禁止，不能说玩把戏的孩子是坏蛋。"

陶行知广泛地搜罗人才，他以留学归来的丁柱中、高士其还有原晓庄学生方与严、戴伯韬、董纯才等人为核心，组成了一个"自然科学团"。他主张科学要从儿童时学起，打算主编一套数量多达三五百种的《儿童科学丛书》，内容涵盖各方面的自然科学知识。从"做"中引导儿童学习科学原理，培养儿童动手实验的能力，帮助他们把科学知识运用到生活中去。

此时的陶行知还在全国通缉的黑名单里，他不方便公开出面，就用陈鹤琴、丁柱中的名义进行丛书的主编工作。高士其、吕镜楼、陶宏、董纯才等人分任编辑。陶行知要求作者就地取材，多选中国本土化的例子，解决过去同类书本里偏重外国例子的问题，他希望这套丛书将来能代替那些原有的自然科学教科书。

自然学园陆续有了丰硕的成果，丁柱中编译了《巴士德传》，高士其写了《微生物大观》，董纯才翻译了苏联著名科普作家伊林的《十万个为什么》等，陶行知和长子陶宏一起编写了《儿童科学指导》《儿童天文》《儿童卫生》和《儿童数学》等多种书籍。

1932年1月28日，日本继前一年九一八事变后，为了转移国际视线，并向南京国民政府施压，将炮火对准了上海，发动了淞沪抗战。由于战事影响，上海的经济受到了重创，史量才很快停了自然学园的经费，但陶行知没有停下他的教育，他带着自然学园的人继续推行儿童科学教育。

在动荡的时局下，陶行知和他的教育事业迎来了一些变化。2月22日，南京政府宣布取消了陶行知的通缉令，5月19日，教育部训令南京市教育局"发还"晓庄学校。

陶行知立刻派专人前往南京恢复晓庄的各个中小学校和幼稚园，他很快在报纸上登出广告，宣告7月15日至8月15日将在晓庄办理儿童科学暑期学校，培训1000名在职中小学教师和师范教师。

只可惜，天不遂人愿，《申报》在六七月份发表的三篇有关《剿匪和造匪》的文章惹怒了当局，当局点名让陶行知这个总顾问离开《申报》，并下令立即禁止暑假学校招生，拒不发还晓庄的教学设备，并派出军警进占晓庄。科学教育和晓庄复校的愿望就此破灭，陶行知留在了上海，继续寻找中国教育的出路。

百年巨匠
Century Masters
陶行知
Tao Xingzhi

第十七章
山海工学团

九一八事变爆发后，中华民族陷入了生死存亡的危急时刻，陶行知开始将国难时期的教育理想诉诸小说《古庙敲钟录》，他在这本小说里创造了一所异于传统学校的全新理想学校："我们在这里所办的虽是一个小学堂，但同时是一个小工场，又是一个小社会。学堂的主要意义是长进；工场的主要意义是生产；社会的主要意义是平等互助，自卫卫人。"这所学校将工场、学堂、社会打成一片，是陶行知教育理想的一处"桃花源"。

1932年5月21日，《古庙敲钟录》开始在《申报》上连载。小说以敲钟工人自传的形式，讲述了敲钟工人通过庙产兴办工学团、造福乡民的故事。

陶行知为这所学校取名字时并不想称它为学校，认为它并不是一所纯粹的学校。他在"工学社"和"工学团"中做了一番选择，他借小说里的敲钟工人之口解释道："团字含有团结或集团的意义。社字比较宽泛。中国社会之大病就是一盘散沙，惟独集团的生活可以纠正这个毛病，并且可以发挥出众人的力量来。"

由此，陶行知首次提出了"工学团"的主张：

> 你若是办一个工场，如果你同时注意到工人之长进的机会和平等互助的关系，便立刻变成一个有意义的工场了。你若是办一个学校，如果你同时注意到师生之生产的机会和平

等互助的关系，便立刻变成一个有意义的学校了。你若是在改造一个社会，如果你同时注意到各分子之生产与长进的机会，便立刻变为一个有意义的社会了。

……如果全国的家庭、商店、工厂、学堂、军队、乡村一个个都变成工学团！人人生产，人人长进，人人平等互助，人人自卫卫人！那么中华民国是变成何等庄严的一个国家呀！中华民族的新生命是在工学团的种子里潜伏着。园丁们，普遍的撒下去吧！

就在小说连载结束的时候，陶行知将工学团变为现实的第一步构想已经成形，他用了一个多月的时间拟定了《乡村工学团试验初步计划书》，并成立了乡村改造社筹备会。随后，他发表了《乡村工学团试验初步计划说明书》，正式宣布推行试验工学团。

陶行知倡导的生活教育基本理论，如"生活即教育""社会即学校""教学做合一"等，都将成为工学团的指导思想，他探索中国教育的新试验再一次启动了。

工学团是历史上从未出现过的新教育形式，陶行知在1939年4月21日所写的《工合与工学团》一文中清楚阐释了工学团的概念："什么叫做工学团？工是工作；学是科学；团是团体。说得清楚些是：工以养生，学以明生，团以保生。说得更清楚些：以大众的工作养活大众的生命；以大众的科学明了大众的生命；以大众的团体力量保护大众的生命。工学团是一个工场，一个学校，一个社会。"

"在这里面包含着生产的意义，长进的意义，平等互助，自卫卫国的意义。它是将工厂学校社会打成一片，产生一个富有生活力的新细胞。工学团可大可小，从几个人的家庭、店铺，几十个人的学校、庙宇，几百个人的村庄、监狱，几千人的工厂，几万人的军队都可造成一个富有意义的工学团。团不是一个机关，不是一个工学的机构。假使它只是一个工学的机关，那便成了一个半工半读的改良学校，而不是工学团。团是团体，是力的凝结，力的组织，力的集中，力的共同发挥。"

1932年10月1日，"山海工学团"在宝山与上海之间的大场镇正式成立。"山海"有两层含义，一是地处宝山县和上海市之间，取用了地名里的"山""海"二字，二是因日本在九一八事变后侵占了中国东北，又在"一·二八"打到了上海，"天下第一关"山海关已无险可守，便以"山海"警示国人。"山海工学团"传递着陶行知在国难时期不忘国耻的一份苦心，志在唤醒国人，盼望国家早日收复失地，重振河山！

陶行知提出工学团的办学目的是"工以养生，学以明生，团以保生"。工学团不仅是教授村民知识的学校，更是改造大场地区乡村生

在上海工学团成立大会上的陶行知（前排左二）

活的中心。他们以余庆桥二华里之内的村庄作为初步实验区域，将其定名为"山海实验乡村学校"。

陶行知在《山海工学团创立文件》中提出了七种主张："（一）社会即学校；（二）生活即教育；（三）相学相师，会者教人，不会者跟人学；（四）先生在做上教，学生在做上学，教与学都以做为中心；（五）在劳力上劳心；（六）行是知之始；（七）与大众共甘苦，同休戚，以取得整个中华民族之出路。"

山海工学团最初招收的学生主要是儿童，教学方式和晓庄相似，学生们每天上午学习文化课，下午课后参加各种生产劳动。学生每月可以获得七到十元的生活学习补助费。这种做法让贫苦农民子弟均有机会上学，很受老百姓欢迎。工学团的模式一经推行，就如雨后春笋般在各处发展起来。

山海工学团采用工读结合的教学方式，开办了木工、袜工、藤工三个手工工场，聘请专门的工匠来做技术指导，师生学手工，工匠学文化，各取所需，一举多得。工学团还开办了养蜂场和农场，生物教师指导学生学习养蜂、养兔、种菜等农业生产，以教学和实践相结合的方式，让学生们高效地学习知识。

工学团还设立了小诊疗所，聘请医生担任医学指导，免费为农民朋友们治病，辅导农民保持家庭卫生，有时还会为病患送药上门，贴心服务。工学团注重劳逸结合，时常开展文娱活动。每周五晚上，工学团都会举行同乐会，师生农友欢聚一堂，一起看节目表演、玩科学把戏、听新奇故事。同乐会最初只在侯家宅、孟家木桥两处举行，消息传至四乡后，乡邻纷纷跑来凑热闹。同乐会开始时，总会来满一屋子的人，凳子不够坐时，连桌子上也会坐满了人，这短暂的娱乐让寂静的山村热闹不已。

山海工学团总部

山海工学团总团部设在孟家木桥，孟家木桥儿童工学团在 1932 年 10 月 1 日创立，2 个月后，陶行知指导晓庄学生徐明清、王洞若在北新泾镇陈更村创办了晨更工学团，这里有数家棉花行，是上海西郊的棉花集散地，是一个工人、农民、店员集居的地方。此外，晓庄学生朱泽甫还主持创办了光华工学团，这些工学团都成为山海工学团的姐妹团或兄弟团。

山海地区周围近 10 里内的各村如萧场、沈家楼、红庙、夏家宅、赵泾巷等地相继办起了工学团。按年龄性别来分有青年工学团、儿童工学团、幼儿工学团和妇女工学团，按生产性质来划分有棉花工学团、养鱼工学团、养鸡工学团、缝纫工学团和纺织工学团。

这些工学团里还有一位陶行知在南高师时的好友徐兰友，徐兰友一直对陶行知在做教授时的奢华派头印象深刻："那时陶夫子很讲究，西装烫的笔挺，皮鞋擦的雪亮，扫地、抹桌、倒茶水、送信一切杂务都由我做，他出去办事，我就跟在后面拿着皮包。"

陶行知在徐家角工学团，后排右四为陶行知

陶行知在夏家宅工学团

萧场工学团

棉花工学团

青年工学团

徐兰友失业之后打听到老上司陶行知在上海，他就过来"要碗饭吃"，结果看到了陶行知的现况，深有感触地说："陶先生变了，不是往日的陶先生了，他西装不穿穿学生装，皮鞋不穿穿布鞋，大学教授不做，为工人农民办学校，和工人农民在一起。"

　　1934年1月28日，山海工学团举行了"一·二八"淞沪抗战两周年的纪念会，此外，还举行了一个意义非凡的授旗典礼，儿童自动工学团小先生普及教育队接过旗帜并庄严宣誓，这个仪式标志着陶行知的"小先生制"正式向大众推行。

　　其实早在多年以前，陶行知心中的"小先生"想法就开始萌芽了。1923年时，陶行知还在推行平民教育，他把识字教育的课堂搬到了家里，在陶家挂起了纸招牌"读书处"。陶行知让刚读完了第一册《平民千字课》的儿子陶晓光教奶奶曹翠仂读书认字，6岁的孙儿就这样当起了小先生，开始教57岁的奶奶学习《平民千字课》。在陶母读到第16天的时候，陶行知就照着《平民千字课》上的生字写了一

第十七章　山海工学团

陶行知参加"山海小先生"总动员大会

第一代"小先生"

封家书寄了回来，结果陶母竟然一字不差地全部念出来了。当时陶行知就很受启发，小孩是可以教大人的！

1932年，就在山海工学团成立的前一个月，晓庄余儿岗的几个孩子自主办起了学校，又称"自动小学"，他们推举同学做校长、当职员，决定自己办，自己教，自己学。

陶行知在9月听说了这个新闻，就写诗祝贺他们：

> 有个学校真奇怪，
> 大孩自动教小孩。
> 七十二行皆先生，
> 先生不在学如在。

几天后，这些小朋友向陶行知回信道谢，同时问他："大孩教小孩，难道小孩不能教大孩吗？大孩能够'自动'，难道小孩不能'自动'吗？而且大孩教小孩有什么奇怪呀？"

小朋友向陶行知建议将"大"字改为"小"字，黄泥腿的小孩竟然一语惊人，让陶行知十分惊喜，他赞赏小朋友们的观察力和创造力，于是将"大孩自动教小孩"改为了"小孩自动教小孩"。

"新安儿童旅行团"的到来让陶行知再一次看到了小孩的能力。新安小学是晓庄学校创办的一个教育试验学校，学校后来成立了新安旅行团，学生们就以旅行团的名义开始游学，当时他们的旅行团缺少设备，陶行知还拿出了母亲的人寿保险金500大洋，给他们买下了一套无声电影的放映设备。新安旅行团有了这个设备之后成为了中国电影史上第一支农村电影流动放映队。

1933年秋，7个新安小学的学生组织了一个"新安儿童旅行团"，他们在10月20日出发，准备来上海做旅行修学。

陶行知在10月26日时为新安小学儿童旅行团拟定了一份计划，并对他们说："现在我正在替你们介绍到外面的机关、学校、工厂去演讲，每次可以得五元或十元的代价。十一月一日就有地方请你们去演讲。到那里演讲时，先唱一首《锄头歌》，然后再着人上去讲，讲完，再唱一首《镰刀歌》就行了。"

就这样，新安儿童旅行团开始在上海的各个工厂、学校、机关参观，并到处讲演，他们不但出现在了中小学的讲台上，还登上大夏、光华、沪江等大学的讲台。

陶行知后来询问一位大学教授："小孩们讲得如何？"

教授回答道："几乎把我们的饭碗打破！"

淮安新安小学的校长汪达之是晓庄学校的毕业学生，他给陶行知来信时为这群小孩取了个"小光棍"的绰号，对他们的情况十分关心。11月14日，陶行知致信汪达之，高兴地回复他："我以小工人之礼待之。在这里，他们决无冻饿之忧。"

这群"小光棍"跑到上海来的那一天，口袋里只有十块钱。他们靠卖书、讲演来生活，等到他们离开上海的时候，已有六十多块钱。

陶行知特意送给他们两首诗：

（一）

一群小光棍，

数数是七根。

小的十二岁，

大的未结婚。

（二）

没有父母带，

先生也不在。

谁说小孩小？

划分新时代！

12月10日，陶行知在火车站送别了新安儿童旅行团，两年后，这些孩子依照上海旅行修学的经验，准备在更多地区做抗日救国的宣传旅行。17名旅行团成员在汪校长的带领下组成了"新安旅行团"，他们于当年10月10日从淮安出发，开始了全国旅行。大约3年的时间里，他们行程5万里，沿途宣传抗战救国的思想，足迹遍及了中国的22个省份。

1934年1月4日，陶行知在给潘一尘的信中写道："小孩子有不可思议的力量。小孩子能做先生，做先生不限定要师范毕业，小孩子是普及成人与儿童教育的生力军。"

1月28日，在山海工学团举行的"一·二八"淞沪抗战两周年的纪念会上，儿童自动工学团第一次总集合，17处儿童自动工学团的288名小先生团员参加了集会。教育局冯迈樱局长为小先生亲授了"普及教育动员令"的旗子。陶行知的"小先生"由此开始了快速成长！

3月16日，陶行知专门写下了《小先生歌》，共有八首，发表在了《生活教育》的封面上。

（一）我是小学生，变作小先生。粉碎那知识私有，要把时代儿划分。

（二）我是小先生，教书不害耕，你没有工夫来学，我教你在牛背上哼。

（三）我是小先生，看见鸟笼头昏。爱把小鸟放出，飞向森林投奔。

（四）我是小先生，这样指导学生："学会了赶快去教人，教了又来做学生。"

（五）我是小先生，热心好比火山喷。生来不怕碰钉子，碰了一根化一根。

（六）我是小先生，爱与病魔斗争。肃清苍蝇与疟蚊，好叫人间不发瘟。

（七）我是小先生，填平害人坑。把帝国主义推倒，活捉妖怪一口吞。

（八）我是小先生，要与众人谋生。上天无路造条路，入地无门开扇门。

后来，陶行知邀请学贯中西的语言学家、音乐家赵元任为他作词的《小先生歌》谱曲，随着小先生运动的广泛开展，这首《小先生歌》逐渐广为流传。

1934年4月1日，陶行知发表了《怎样指导小先生》，他在文中为"小先生"的推行方针做了分析和指导，他首先主张不能让小先生教传统的常规班级：

"我们原来的意思，只要每个小先生担任两三人的教育，不要他们担任整个班级的教育。倘使自作聪明，勉强寻常小先生做起传统先生来，对着三四十个小学生手指脚划高谈阔论，那便是违反生活教育，摧残小先生。所以，第一条成功之路是镇压贪多的野心，把小先生所担任的人数减少到两三个。您看，一个六七岁的小先生，日里学得青菜两个字和青菜煮黄了就不养人这一件事，晚上就把它一五一十的教给嫂嫂和姊姊，那是和踢毽子一样的有趣，拍皮球一般的容易！他教了一个字便有一个字的成功，教了一件事便有一件事的成功，又有什么失败呢？"

陶行知提出应打开门让小先生出去找学生，避免关起门来教人："他是要到传统学校外或团本部周围去找他的学生。很自然的，不识字的奶奶、妈妈、嫂嫂、姊姊、妹妹、爸爸、哥哥、弟弟，和隔壁邻居的守牛、砍柴、拾煤球、扒狗屎的穷同胞都是他应当找的学生。一个识字的人教导两个不识字的人，一个会做的人教导两个不会做的人，这里面才包含着普及的力量。这样去干，一千万学生便可算是三千万学生。否则，关起门来互相切磋，教来教去，还只是一千万人，毫无我们所说的意义。所以，我们必须指导小先生开起大门找学生。"

陶行知坚持即知即传人的原则："所以小先生之成绩，不在直接所教学生之多，而在间接所传代数之多。设有两位小先生，第一位自己教了四人，第二位教了两人，又教这两位去教两人。依我们的目光看来，第二位小先生的工作是更有意义。因为他是有了两代学生，他至少有两位学生是能即知即传人，而第一位小先生的工作是缺乏这种更进一步的意义。因此，我们指导小先生是加了一条原则：指导小先生教人，不如指导小先生教人去教人。"

陶行知还在文章中提到小先生不但要授人以鱼,还要多花时间授人以渔。他使用计分法来对小先生们进行鼓励式考核,小先生教会一人读写一册《老少通千字课》就得一分,教会二人读写一册书或教会一人读写二册书者就能得二分,计分方式以此类推。小先生的团员证上有一个金星,他们教出一代小先生就能再加一个金星。

有一张陶行知的儿子陶晓光教奶奶读书的照片,陶行知在这张祖孙读书图上题了八首诗,记下了陶晓光这位小先生教奶奶识字的珍贵时光。

(一)

吾母五十七,发奋读书籍,
十年到于今,工学无虚日。

(二)

小桃方六岁,略识的和之,
不曾进师范,也学为人师。

(三)

祖母做学生,孙儿做先生,
天翻地覆了,不复辨师生。

(四)

三桃凑热闹,两眼呆望着,
望得很高兴,祖孙竟同学。

(五)

上课十六天,儿子来一信,
老人看得懂,欢乐宁有尽。

（六）

匆匆六个月，毕业无文凭，

日新又日新，苦口作新民。

（七）

病发前一夜，母对高妈说：

你比我年青，求学心要决。

（八）

子孙须牢记：即知即传人！

若作守知奴，不算陶家人。

在广东大埔县百侯中学念书的杨应彬对陶行知敬佩不已，他在1934年的暑假随老师来到上海，在静安寺路赫德路口见到了陶行知。杨应彬当时打着赤脚走了50里山路，皮肤晒得黝黑，到了上海时只穿了一件背心，一条短裤。

陶行知拉着他的胳膊说："很好！小黑炭，就是要多晒太阳。穷孩子的阳光比少爷小姐的鱼肝油、维他命更有益。"

陶晓光教奶奶读书

陶行知对杨应彬发出了一个书稿的邀约，让他把他们的旅行经历写出来，把他们在途中同台风进行生死搏斗的经历写出来，陶行知还答应他要把成稿推荐给儿童书局出版。杨应彬吃惊之余很受鼓舞，他用日记的形式把这次旅行写了出来。陶行知看后，一个字没改，给它取名为《小先生游记》。半年之后，陶行知兑现了他的承诺，让这本书成功出版了。

小先生的工作

1935年年初，在"小先生"即将一周岁的时候，陶行知写下了《小孩子能做小先生吗》一文，他在文中说：

"小先生之怀胎是在十一年前。难产啊！到了二十三年一月二十八日才出世。奇怪得很，他一出世便是一个英勇的战士。在这十一个月当中，他已经攻进了二十三省市。现在全县已经开始普遍采用小先生的有湖北的江陵，浙江的鄞县。安徽教育厅厅长首先承认小先生为全省普及教育之要图。大上海一带包括特别市、俞塘、高桥，公共租界、法租界、山海工学团已有小先生万余人。上海特别市教育局在二十四年春天要总动员从事普及教育运动。宜兴之西桥最进步，没有一个小学生不做小先生。别的地方，如晓庄之佘儿岗，无锡之河塔口，淮安之新安，歙县之王充，山东之邹平、泰山，河北之南开、定县，山西之舜帝庙，广东之百侯，河南之百泉、洛阳、开封，都已有了昭著的成效。"

房檐下、竹林边、茶馆里、坟墓旁、牛背上，每个人都化身小先生，"即知即传"的普及教育运动轰轰烈烈地开展起来。陶行知坚信

"小先生制"是又一个中国式的教育制度，也是适合中国穷国国情的少花钱多办事的教育普及方法，他心中的"小先生"正在逐渐成长为"追求真理、即知即传、联合起来、百折不回"的大老师。

陶行知在投身教育探索的这些年里，他的思想经历了一次又一次的蜕变。在晓庄学校时期，有学生在留言本上说陶行知的思想与名字不相符，1934年，他的名字迎来了又一次重要改变。

谢育华先生看了《古庙敲钟录》之后对陶行知说："你的理论，我明白了，是'知行知'。知行底下这个知字是安得何等有力！很少的人能喊出这样生动的口号。"

陶行知向他表达了敬意，然后回答说："恰恰相反。我的理论是，'行知行'。"

谢育华说："有了电的知识，才去开电灯厂；开了电灯厂，电的知识更能进步。这不是知行知吗？"

陶行知却说："那最初的电的知识是从哪里来的？是像雨一样从天上落下来的吗？不是。是法拉第、爱迪生几个人从把戏中玩出来的。说得庄重些，电的知识是从实验中找出来的。其实，实验就是一种有目的、有计划、有组织、有步骤、有创意的把戏。把戏或实验都是一种行动。故最初的电的知识是由行动中得来。那么，它的进程是'行知行'，而不是'知行知'。"

谢育华便说："既是这样说，你就应该改名了。挂着'知行'的招牌，卖的是'行知'的货物，似乎有些不妥。"

陶行知在20多年前，信奉王阳明的知行合一，取名"知行"。七年前，陶行知认为"行动是老子，知识是儿子，创造是孙子"，提出了"行是知之始，知是行之成"的观点，把王阳明的"知是行之始，行是知之成"翻了个筋斗。1934年，陶行知在7月16日的《生活教育》上发表了《行知行》，正式宣布改名，这篇文章的署名就是"陶行知"。

陶行知还创造出一个字，念为"Gan"，他把"行"字左右部分拆开，把"知"字变为上下结构，"矢"和"口"分成上下的位置，包在中间。强调"做"永远是第一位，他后来签名时就曾使用过这个专属文字。

陶行知在推行工学团和小先生运动之后，又提出了大众教育的口号，随着国难日益加深，1936年，国难教育社正式成立，倡导多时的"大众教育"被"国难教育"的新口号替代。

陶行知锲而不舍地奔走在教育救国的路上，道路越崎岖，他越深感教育工作者的使命重大，而"教育"的意义在陶行知心里又上升到了一个新高度，他在《连环的矛盾》一文中说道："学校的围墙是已经冲破了，整个的社会是不知不觉的成了一个伟大无比的学校，整个的民族解放运动是无形无影的成了一个伟大无比的课程。"

百年巨匠 陶行知 Tao Xingzhi

第十八章 中国的民意外交家

1935年，中国共产党在长征途中发表了"八一宣言"，呼吁停止内战、一致抗日。陶行知与沈钧儒等800多位上海文化教育界知名人士联名发表《上海文化界救国运动宣言》，响应中国共产党的号召。

不久之后，陶行知在上海发起成立了"全国各界救国联合会"。1936年7月11日，他受全国各界救国联合会的委托，以国民外交使节的身份从香港尖沙咀码头登上了"哥夫"号海轮，他打算先去伦敦参加世界新教育会议，随后访问英、法、德、意、土、苏等诸国，最后再去美国。由此，陶行知开始了一段团结海外侨胞共赴国难，争取国际声援的抗日宣传。

8月7日，位于伦敦近郊的切尔滕纳姆召开了世界新教育联合会第七届年会，来自50多个国家的1500余名代表前来参会。陶行知和天津南开大学的张彭春教授是哥大杜威教授门下的师兄弟，两人也是这次会议上仅有的两名中国代表。陶行知在会上提出了中国的大众教育运动，在世界和平受到威胁的当下，大众教育运动是争取民族自由平等和解放劳苦大众的战斗武器。

随后，陶行知马不停蹄地赶来巴黎，出席即将在布鲁塞尔召开的世界和平会议。陶行知没有直接在世界和平会议上发言，但他把呼吁世界青年支持中国人民进行抗日斗争的声音，变成了中国代表团的共同呼声。

当天晚上，陶行知提议中国代表团邀请各国朋友来了解中国，支

陶行知（左三）在比利时参加世界和平大会的合影

持中国。最后，有100多位朋友应邀前来，他们都是来自美、英、苏、西等国的青年领袖，纷纷留下了支持中国青年抗日的意见书，中国青年代表团和世界进步青年建立起了一条反法西斯的统一战线。

9月2日，陶行知匆匆赶去了比利时首都布鲁塞尔，参加世界和平大会。9月5日，大会举行闭幕式时，国内又发生了一件令人愤慨的事。日本在四川非通商口岸的成都市设立了总领事馆，恶意挑起事端，这个的消息传到陶行知所在的中国代表团，他立即以团长的名义召集全体代表开会，会议决定致电国内，要求政府坚决抵制。

在出访欧洲的一个月时间里，陶行知奔走于伦敦、巴黎、日内瓦和布鲁塞尔等地，接连参加了三次国际会议，为国民外交工作费尽了心力。同时，他还在不遗余力地推动华侨同胞的抗日救国运动，8月24日，他与王海镜、胡秋原等人发表了《告海外同胞书》，在巴黎举行全欧华侨抗日大会，成立了常设性的全欧华侨抗日救国会。

1936年10月30日，陶行知在离英赴美之前，去了一趟伦敦市郊的海格特公墓，拜谒了一位十分崇敬的人。编号为"二四七四八"的普通坟墓悄然隐匿在众多墓群中，墓中人在陶行知出生前8年就已经安息在此，他就是无产阶级和劳动人民的革命导师马克思。陶行知在马克思的墓前陷入了沉思，这位献身全世界劳苦大众解放事业的革命家、思想家，逝后与广罗大众共眠于此，他在墓前拍下了一张照片，并题诗一首："光明照万世，宏论醒天下。二四七四八，小坟葬伟大。"

1936年11月4日，陶行知在英国登上了"诺曼底号"海轮，五天后到达了阔别17年的纽约。没过多久，国内传来了"七君子事件"的消息。全国各界救国联合会领袖沈钧儒、章乃器、王造时、邹韬奋、史良、李公朴、沙千里七人于11月23日在上海租界被捕，七君子因"爱国"和"抗日"获罪的消息让全国哗然。

全欧华侨抗日救国联合会响应了冯玉祥发起的十万人签名运动，向引渡七君子的英、法当局提出了抗议。

陶行知立即联络各界华侨名流，联合发布了《旅美华侨告海外同胞书》。随后，他又推动以杜威为代表的美国学界名人16人联名致电南京政府："中国处境困难，至表同情。我们以中国朋友的资格，同情中国联合及言论结社自由，对于上海全国各界救国联合会七位学者被捕的消息传到美国，闻者至感不安，同人尤严重关注。"

哥伦比亚大学在美国的政界和学界都有很高的地位，当时的美国总统罗斯福也是哥大的毕业生，这份联名声援电在美中两国影响极大。

1937年4月3日，国民党当局正式向七君子提起公诉，他们编造了七君子的"十大罪状"，还把陶行知和上海职业界救国会的任颂高等6人定为了"共犯"，一并立案。这份公诉书上赫然写着"在逃之陶行知",这已是陶行知第二次被全国通缉了。

按照《危害民国紧急治罪法》第六条规定,七君子和陶行知等人要判处5年以上15年以下的刑期。海内外的第二波抗议高潮又开始了,中共中央强烈要求当局"立即取消陶行知等及一切政治犯之通缉令。"

1937年7月7日,北平卢沟桥的炮火声盖过了一切政治斗争,沈钧儒等七君子没有写下悔过书以示屈服,他们最终以"申请停止羁押"的方式走出了牢门。沈钧儒很快被当局聘为国民参议会参议员,其他人也各自走上了抗战救国之路。

陶行知全力投入到针对美国各界人士和华侨的抗日宣传,他继续推动杜威等世界名人共同为中国发声,谴责日本的侵略行径。1937年12月6日,他在杜威的同意下,代拟了一份宣言,发给了美国物理学家爱因斯坦、法国文学家罗曼·罗兰、英国哲学家罗素和印度民族领袖甘地:"由于日本肆无忌惮地摧毁东方文化,为了人类安全、和平和民主,我们建议全世界人民自愿地组织起来,拒绝购买日货,拒绝出售日货,拒运战争物资去日本,停止在各方面与日本合作,不支持日本的侵略政策,尽可能支援中国自卫和救济的物资,直到日本从中国全部撤退武装力量,停止他的侵略政策为止。"

陶行知在《国际形势与中国抗战》一文中写道:"英美人士也常常问我们:'我们愿意帮助你们,应如何帮助你们呢?'则可答复'日本所买的军火当中,美国运往日本的,一百块钱占了五十四块半钱,要是我们死掉一百万人,有五十四万五千给美国人的军火杀掉了。'一位美国国会议员在洛杉矶听了我这么说,便站起来对听众说道:'应如何处置?'群众大呼:'切不可再卖军火给日本!'其次,我们要是死掉一百万人,有十七万五千为英国的军火所杀掉。我们要使他

陶行知（右四）在温哥华与华侨合影

们不要帮助侵略者。"

"……日本打中国的钱从哪里来？一天要用一千多万，从哪里来？很简单，卖日本货赚了钱，那就买军火杀中国人。如各国不买日本货，则日本不能买军火，也就不能打仗，便要回家去了。可是日本货卖到那里去？（一）中国；（二）美国；（三）印度。如果三个地方都抵制日货，日本便要回老家去了。"

美国不直接卖军火给日本，却是废铁和铜等军需材料的主要供应者。1938年5月4日，陶行知在洛杉矶的一个群众集会上呼吁禁运，最后全场5000人一致表示支持禁运。

1937年7月30日，美国洛杉矶医疗局举行了欢迎西班牙人民之友的宴会，陶行知正是在这次宴会上初识了刚从西班牙前线回来的白求恩大夫，他是加拿大著名胸外科医师，还是一名国际主义战士。

1938年4月，正在加拿大温哥华访问的陶行知与一年前相识的国际旧友白求恩再次相遇，此时的白求恩即将带领医疗队去支援中国。在加拿大医疗援华委员会的演讲会上，陶行知向白求恩和加拿大人民表达了最真挚的感谢。

这一趟游美宣传，陶行知原本计划在两个月的时间里完成，结果"七君子事件"和日本全面侵华战争的爆发，让这趟抗日宣传的征程一再延长，陶行知最终在美国等地战斗了20个月。1938年6月15日，陶行知离开了纽约，结束了在世界各地的抗日宣传使命。他去往伦敦，准备一路西行，返回祖国。

8月30日，陶行知乘船回到香港了，此次出国宣传抗日，行程总计十万八千公里，他戏称自己为"摩登孙悟空"，足迹遍及26个国家和地区。陶行知在刚出国时只拿了救国会朋友们筹措的6千元川资，他在国外讲学、讲演和稿费的收入支撑着他走完了这段漫长的环球宣传征程。有人称赞他为"中国历史上唯一不受政府派遣，但正确地代表了中国民意的外交家"。

百年巨匠 陶行知 Tao Xingzhi

第十九章 「回国三愿」创育才

1938年8月30日，在国外进行抗日宣传两年之久的陶行知终于回到了中国，他到香港之后以参政员的身份参加了香港文化界的聚餐会，并在会上说出了他的"回国三愿"，一是创办晓庄研究所，培养高级抗战建国人才，二是开办难童学校，招收在战乱中流离失所的求学之才，三是在香港举办中华业余补习学校，动员同胞抗日救国。

南京失陷后，武汉成了战时的临时首都，10月1日，陶行知来到武汉时，正是国共合作的"蜜月期"，他得到了国共两党的热情接待，也明显地感受到了国共两党对教育的重视。

在接受蒋介石约见时，陶行知把创办晓庄研究所，培养高级抗战建国人才的想法提了出来，但国民党当局并未准许陶行知创办晓庄研究所。归国三愿的第一愿很快就落空了。

1938年12月底，陶行知到香港视察了早在11月1日就已开学的中华业余学校，这成为他归国三愿中最早完成的一愿。

1939年1月初，陶行知在香港召开了原晓庄学校的董事会议，可惜晓庄研究所无法重启，董事会议决创办育才学校，将晓庄董事会改为育才学校董事会，陶行知要通过育才学校招收难童，培育人才，开始了归国三愿中的最后一愿。

武汉保卫战持续了三个多月，就在陶行知来到武汉时，战事已经接近尾声，蒋介石开始了大规模撤退，将战时首都迁去了重庆。陶行知在武汉期间，应邀参加了设计委员会，帮助从武汉迁到四川的八九所保育院开展工作，他曾对翦伯赞说："现在成千上万的孩子，流亡到重庆没人管，我要到重庆去抢救这些孩子。"于是，陶行知去了重庆，开始筹备育才学校！

1939年2月26日，陶行知第一次来到了距离重庆30里的北碚区，开始了勘定校址。当时的北碚区是战时新兴的一个文化中心，复旦大学、国立江苏医学院、中国科学院等机构都迁到了此处。陶行知在嘉陵江三峡实验区区长、卢作孚之弟卢子英的热情接待下，对周边环境进行了为期一周的考察。

3月6日，穿蓝布衫，戴着黑框眼镜的陶行知在实验区署召开的纪念周大会上发表了热情演讲："感谢诸位帮忙，决定将晓庄研究所移到北碚工作，同时筹办育才学校，难童中有特殊才能的儿童定在云南和四川两处寻地办理，四川则定在北碚。以后办起来，这些难童首先要学习地方建设，尤其是治安，因为他们将来首先要去赶走土匪和强盗。"

陶行知还亲切地说道："到了北碚也像回到故乡一样，如《锄头舞歌》随处可听见。这里小先生一千多，可见小先生和《锄头舞歌》流传之广。"

陶行知在北碚区草街子镇凤凰山顶找到一座名叫古圣寺的庙宇，他决定租赁这座寺庙的部分屋舍作为校址，将学校办事处设在城内的管家巷28号。这座坐北朝南的寺庙很大，立在一个平坦的山头上，寺庙一连三重正殿，后面还有藏经楼。整个寺院掩映在树林荫翳中，环境十分清幽，从寺庙往外眺望，就能看到几十里外绵延的山峰，视野开阔，景致宜人。

3月14日，陶行知给时任战时儿童保育委员会领导的宋美龄写了一封信：

去年秋间，有保育院、教养院及其他收容难童机关之主持人谈及，有人在难童中挑养子，纯以面貌美丑为取舍，对于害癞痢、缺嘴唇、脸上生麻子的孩子，不但不要，而且措辞中不免含有当面侮辱之意，这给了我一个很深刻的刺激。其次，在长沙和汉口我是和一位音乐家住在一处。我们一同发现了几位有音乐才能的小孩。一位只教了他三个钟头便能领导一百多小孩唱歌。一位只受三天的训练，便能用音符把一首从来没有听过的歌曲写出来。一位受了四五天的训练，便能按音符把自己创作的一首歌写出来。在这几个小音乐家中，便有一位是害癞痢的。这是我受的第二个深深的刺激。这两个刺激，独立的、各不相谋的存在于我的脑筋里，足足两个月之久。

……我自己问："你为什么不也选择一些有特殊才能的儿童来培养他们？"我于是立刻拟定章程、计划。第二天，就筹了一点最低限度的开办费，校址也在北碚乡下找到了。

陶行知多次谈到了他创办育才学校的动机，他要把"选干儿子的做法，应变为培养国家民族人才幼苗的办法，不管他有什么缺憾，只要有特殊才能，我们都应该加以特殊之培养"。

古圣寺的校舍需要一段时间的修缮才能正常使用，先期到校的学生暂住在北碚的北温泉小学。6月15日晚，育才学校在北温泉小学召开了第一次会议，讨论建校事宜，他们确定了各组织的人员名单，初分了文学、音乐、绘画、自然科学等组。这场决定育才学校办学方针、具体执行计划的决策会议，从晚上6点开始，一直持续到第二天凌晨1点才结束。

清晨，育才学生在荷花池边认真读书

7月20日，育才学校在重庆市郊北温泉小学开学，第一批到校的学生约有40人。到了8月初，学生们就迁到了古圣寺正式上课，年底时，学生人数就增加到了近百人。

育才学校在教学方法上，与晓庄有所不同，它采用了课堂教学为主的分组分级授课制，根据学生文化程度把他们编成了不同年级。育才学校重在培养难童中的优秀人才，这一点也有别于之前的普及教育，因此，参观访问者常常感觉育才学校像一所儿童大学。

在课程设置上，陶行知打破条令自设课程，将语文、数学、物理、化学、历史、地理、英语、哲学常识等课设为普修课。他根据学生的专业兴趣设置了特修课。普修课和特修课的时间各占一半，随后，学校会持续根据学生的学习情况逐年加增特修课时间。

特修课非常丰富，文学组开设了文学讲话、名著选读、作家研究、文艺批评等课程。音乐组设置了视唱、键盘乐、声学、作曲等课程。戏剧组有发音、表演、化妆、舞蹈、导演、剧作、世界剧史等课程。绘

贺绿汀 　　　　　　　　章泯

艾青 　　　　　　　　戴爱莲

画组有素描、漫画、透视学、广告画等课程。社会科学组设置了社会发展史、哲学、国际问题等课程，自然科学组开设了应用物理、化学天文、生物、气象、地质等课程。

育才学校的师资超过了晓庄，重庆的许多文化名人和艺术家都跋山涉水来到古圣寺给孩子们讲课。这些教师里，教音乐的是著名作曲家贺绿汀和李凌，教绘画的是木刻家陈烟桥，教文学的是诗人艾青和作家魏东明，教戏剧的有戏剧家章泯和刘厚生，原东北大学化学系主任孙锡洪执教于自然组，著名舞蹈家戴爱莲和吴晓邦执教于最晚建立的舞蹈组。学校还特邀了翦伯赞、田汉、何其芳等名师到校讲课。

陶行知在《育才学校创办旨趣》中提出了三个不是：

社会组、文学组开展的活动

一、不是培养小专家。……我们只是要使他在幼年时期得到营养,让他健全而有效地向前发展。

二、不是培养人上人。有人误会以为我们要在这里造就一些人出来升官发财,跨在他人之上,这是不对的。我们的孩子们都从老百姓中来,他们还是要回到老百姓中去,以他们所学得的东西贡献给老百姓,为老百姓造福利;他们都是受着国家民族的教养,要以他们学得的东西贡献给整个国家民族,为整个国家民族谋幸福;他们是在世界中呼吸,要以他们学得的东西帮助改造世界,为整个人类谋利益。

三、我们不是丢掉普及教育,而来干这特殊的教育。……它是丰富了普及教育原定的计划,决不是专为这特殊教育而产生特殊教育,也不是丢掉普及教育而来做特殊教育。

陶行知在晓庄学校提倡了六种生活,即康健的生活、劳动的生活、科学的生活、艺术的生活、改造社会的生活、有计划的生活。育才学校将其浓缩为四种生活:劳动生活、健康生活、政治生活、文化生活。

舞蹈组演出后合影，前排右三为戴爱莲

第十九章 回国三愿"创育才"

育才学校开学后的第一个月里，全校师生们就按照"劳动生活"的指导思想，开展了集体劳动。他们一起修了两条路，开辟出了一个操场和一个篮球场。社会组则绕着古圣寺修了一条"五一劳动路"，文学组还开辟了"普希金林"，学校周围的土地，成了学生的劳动课场地，种出来的蔬菜纷纷供应给了学校的食堂。

陶行知一直坚持"健康第一"，非常重视师生们的"健康生活"。他主张以健康教育代替医生，培养学生做小医生。学校开办初期，教学经费还比较充裕，学校也尽力为学生增加肉食和鸡蛋类的食物，保障他们的营养。陶行知制定《育才卫生教育二十九事》，建立了校园卫生制度，学生的生活环境得到了改善，这也利于他们的身体健康。

陶行知十分重视政治教育，他在北温泉举行的第一次会议上就提出了各种教育都应"不离政治教育之核心"。开学以后，学校的"政治生活"与抗战发展形势紧密结合了起来，学校将每周五下午定为"社会活动"时间，全校师生都要到附近的农村、矿山走访，与工人、农民们交朋友，并且教会他们识字唱歌，同时宣传抗日救亡的思想。学校还组织了各种纪念日的活动，比如"三八"妇女节、儿童节、"五四"青年节。

学校的"文化生活"是丰富而有趣的，师生们每天起床后先要去操场集中，在吴晓邦先生的带领下一起做体操，然后参加由陶行知主持的5分钟朝会，陶行知称这个朝会为"精神讲话"，又叫"文化早餐"。每天的朝会最初是陶行知来讲话，讲话的内容涵盖了国内外的各种大事，他还在朝会上朗诵过自己写的《手脑相长歌》。后来的朝会发展为师生们轮流上台讲话，激发了大家的积极性，也加深了师生之间的思想文化交流。

在育才学校的"四种生活"里，处处都能看到与晓庄学校、山海工学团相似的教育理念和教学设计，这些再次运用到育才学校的教学方法已在陶行知这些年来的教学实验中逐渐完善、逐渐成熟，更在国难时期绽放出不一样的光芒，激发出学子们不一样的精神能量和志愿理想。

育才学校开学不久后，陶行知遇到了一个似乎比建校还要难的问题，几位同志提出学校需要一个校徽。绘画组主任要求陶行知谈一下思路和想法，陶行知脑袋空空，毫无头绪，一直没憋出一个好想法，直到9月30日，灵感突然来敲门了。

秋高气爽的一天，陶行知从金刚碑坐船到了白沙沱，他在船上有了空闲，开始琢磨起校徽的事。他在《我们的校徽》一文里细写下了他的构思过程：

"忽然在我的脑海中浮出一个圆圈。这圆圈是求学的符号，因为求学要虚心而且要有相当的空闲。它又是工作的符号，因为工作要不断的努力才能成功。它也是战斗的符号，因为抗战要精诚团结才能得到最后的胜利。"

"我继续的想下去，愈想愈觉得这三圆圈校徽的意义之丰富。它们所表现出来的意义有：(一)民族、民权、民生；(二)智、仁、勇；(三)真、善、美；(四)工学团；(五)教学做合一；(六)自然、劳动、社会；(七)头脑、双手、机器；(八)迎接困难、分析困难、解决困难；(九)认识社会、适应社会、改造社会；(十)检讨过去、把握现实、创造未来；(十一)肯定、否定、否定之否定……"

育才学校校徽

陶行知脑中苦思多日的校徽终于成形了，校徽里三个红色的圆圈代表着有生命的学校、有生命的世界、有生命的历史都连成了一体，这个校徽传递着陶行知创办育才学校的深远意义。育才学校不同于陶行知之前创办的学校，但秉持着陶行知一脉相承的教学理念，成为陶行知教育事业里浓墨重彩的又一站。

百年巨匠

陶行知 Tao Xingzhi

Century Masters

第二十章 山穷水尽疑无路

育才学校建校初期，正是国共两党合作的"蜜月期"，国内政局较为稳定，国民党当局拨给育才学校的教育经费也基本稳定，这也让陶行知的教育工作得以顺利推进。这段时期，育才全校师生们对学习和生活充满了热情，学校各个方面的活动丰富而活跃，然而这段蓬勃发展的黄金时期没有持续太久，各种困难便接踵而至。

1940年春，国共合作出现裂痕，国统区的物价开始大幅上涨。陶行知带领育才学校想尽各种办法来应对困难。2月6日，学校召开了第四次指导委员会，会议决定开始招收自费生。2月20日，陶行知致信马侣贤："望停止做垫被，统以散稻草代替。""总之可省则省而且必须省，使得别的要务可以有钱举办。"

育才学校开办时，每人每月的膳食费是6元，学生们还经常有肉吃，到了4月份，膳食费增加到了每月8元，但这增加的2元钱没有赶上通货膨胀的速度，4月时的8元只够让学生多吃豆类、蔬菜，到了赶集的日子才能吃上一次肉。

6月25日，正生病的陶行知向马侣贤致函："今接来信，知道每月所亏超出预算甚巨，解决之法：一为开源；二为节流；三为努力生产。开源我担任，节流你主持。生产要全校动员起来干。务使地尽其力，人尽其才……只要有一寸的空地，都给种起东西来。育才学校是差不多飘流到尼嘎拉瀑布的悬崖上头……我料理就绪，当扶病来校帮助你们奠定学校的基础。"随后，陶行知根据学校的新情况制订了 1940 年 7 月 1 日到 1941 年 6 月整个一年的计划。

育才学校里有两个平行的党支部，一个是由中共南方局领导的支部，另一个是北碚中心县委领导的支部。育才学校的筹办，得到过中共南方局周恩来、董必武、吴玉章、邓颖超等人的支持，学校里也有相当一部分人是中共党员。时任教育部部长的陈立夫曾对陶行知说："你的朋友中，很多是共产党员……"

陶行知回应："他们是否共产党员，额头上未刻字，我不知道。就是有共产党员，如果他们办事认真，又有能力，一心抗战，为国家，为人民服务，又有什么不可以的呢？"

这年秋天，当局想要找借口来封闭育才学校，原本承受着巨大经济压力的育才学校又多了一份政治压力。9 月 22 日，周恩来和邓颖超专程从重庆来到北碚，看望正在生病的陶行知。

两天之后，周恩来和邓颖超在陶行知的陪同下，从北碚乘船到草街子，再步行 5 华里坡路到达了凤凰山古圣寺，来到育才学校参观教学。他们参观了学校的教室、图书阅览室、操场等地方。200 多名学生聚集在学校的礼堂（兼饭厅）里，为他们举行欢迎会，周恩来在欢迎会上说："我们在这个年纪的时候，脑后还拖着一根很长的辫子，比起我们那一代来，你们是太幸福了。学校里有这么多很好的老师，图书馆有这么多的书籍，还有马克思、列宁的著作，真是一代胜似一代，希望同学们努力学习，为真理奋斗。"

邓颖超向大家介绍了苏联儿童的学习生活，讲到了红军二万五千里长征的故事，鼓励大家好好学习。欢迎会结束后，学生们纷纷拿着笔记本请周恩来和邓颖超题字。周恩来写的是"一代胜似一代"，邓颖超写下了"未来是属于孩子们的"。

半月后，周恩来和邓颖超为育才学校捐出了四百元，指定这笔钱用来购买体育器材，供孩子们加强锻炼，增强体质。陶行知内心感动，还特意嘱咐道："这是指定捐款，请开具正式收据，交下，以便送去致谢。"

1941年1月，八万多国民党军队有预谋地伏击新四军，制造了震惊中外的"皖南事变"，新四军死伤数千人，反被蒋介石污蔑为"叛变"，"皖南事变"成为国共合作破裂的转折点。

原育才学校教师、音乐家任光就牺牲在了"皖南事变"里，倒在了叶挺将军身旁。国共两党彻底对立起来，重庆的共产党人和进步人士面临被抓的危险，育才学校里已经暴露的一批共产党员和进步教师开始迅速转移。

物价持续猛涨，育才学校经费极缺，已到了山穷水尽的地步，陶行知在《育才二周岁之前夜》一文中写道："最近几个月我们是过着别有滋味的日子，终日与米赛跑，老是跑在米的后面。到了四月，草街子米价涨到每斗五十三元，比开办的时候涨了二十五倍。这时所有的存款都垫到伙食上去了。向本地朋友借来的四十石谷也吃完了，向银行借来的三万元也花光了。"

育才学校开办的时候，每斗米卖二元二角，到了五月份，米价就涨到了每斗一百一十元。陶行知幽默地说："我成了一个体育家，练习田径赛，和米赛跑！"

为了节省开支，学校从2月开始，改为了每日吃两餐，为了减少学生的能量消耗，保存体力，学校还停了他们的体育活动，陶行知写下一首诗："人人叫我老夫子，生活不如老妈子。同样为人带小孩子，吃不饱来饿不死。"

1941年4月6日，陶行知在育才学校的朝会为师生们献上了一道"精神早餐"：

由于物价飞涨，反动派的封锁迫害，学校经费已临山穷水尽难以维持之境。但为了人才幼苗之培养，我不怕反动派的恐吓、威胁。除非整个中华民族都没有饭吃了，那时也只有大家饿死。育才一定要办下去，绝没有自动停办之理。最近有几位好心朋友对我说，环境如此艰难，丢下育才吧！你何必顶着石臼做戏，抱着石头游泳呢？我想了几天，今天想通了，我不是抱着石头游泳，而是抱着爱人游泳，越游越起劲，要游过急流险滩，达到胜利的彼岸。

四月六日定为"育才兴学节"。育才要办下去，人才幼苗要精心培育。用穷办法来普及穷国穷人教育，以对付反动政府之经济封锁。

我决心要跟武训学，我们要做一个集体的新武训。

武训是中国历史上唯一一个以乞丐身份被载入正史的平民教育家，被世人誉为"千古奇丐"。陶行知曾说："山东的武训先生是一个乞丐，都能办三个义学，我陶行知是个留学生，难道连一个育才学校都不能继续办下去吗？"

陶行知用武训精神来激励自己，鼓舞全校师生，他在当天的日记中写道："我将以武训精神来创造育才：（1）自食其力。（2）叫化兴学，每天平均要找人担任五个小孩之教育费。"

陶行知发起了"育才之友"的活动，开始了武训的"讨饭兴学"。他首先得到了冯玉祥的支持，冯玉祥答应陶行知从4月起，每月给育才学校捐赠10个人的食粮。

到了5月，"育才之友"发展到了100多人，包括了张治中、卫立煌、程潜、卢作孚、吴蕴初、李公朴、楚图南、张西曼等人。这些好心的捐助者以组织或个人的名义给予育才资助。后来，陶行知还会晤了孔祥熙，向他募捐了 5000 元经费。

　　陶行知连日奔走在重庆的大街小巷，带领着部分师生开展各种募捐活动，那句让陶行知熟悉的话又在他耳边响起了——"你十扣柴门九不开"。此刻的陶行知仍然坚信："我百扣柴门就有十扇开"。陶行知的身上有两个口袋，一个是装公款的，一个是装私款的，如果公款的口袋里募到了钱，他就十分开心，但他的私款口袋总是空空如也，他也毫不在意。

　　"皖南事变"发生后，学校流失了一大批教师，教职员只剩下 20 人。音乐组、戏剧组没了专职教师，学校的教学受到了很大影响。陶行知开始动员学生们自学和互助，音乐组的同学开始教别的同学弹琴，社会组的同学开始帮其他组的同学熟悉历史、地理和时事，绘画组和戏剧组的同学互帮互学。"大孩自动教小孩""小孩自动教小孩""会的教人，不会的跟人学"，陶行知创造的"小先生"制立马在

音乐组学生

育才学校里活跃起来。

婆罗门教有三个大神：一是创造之神，二是破坏之神，三是保存之神。陶行知一直呼唤着创造之神的降临，他宣布从6月20日到7月20日为"集体创造月"，要求大家有计划地进行四方面的创造工作：创造健康之堡垒，创造艺术之环境，创造生产之园地，创造学问之气候。

学生建造厕所

一个月的时间里，育才师生们建立起了自然科学馆以及历史、地理陈列馆，修建了4个露天讲座，1个露天舞台，创造了劳动生产园地，改建了公用厕所，开展了消灭蚊虫、老鼠的活动，还在凤凰山下的龙潭溪附近建起了两个游泳池。

"创造月"取得的许多成果，激起了师生们更大的创造热情。这年8月，陶行知在朝会上总结了创造月的经验，宣布开始推行育才学校的"创造年"，随后，他拟订了《育才学校创造年计划大纲》和《育才学校创造奖金办法》，还提出了培养幼年研究生和幼年干事的计划。

"创造年"的一整年也是硕果满满，幼年研究生利用课余时间，创作出了4个剧本，27首歌，写出了10余种研究报告，制作了30多件教学仪器。还有学生对《阿Q正传》进行了学术研究，社会组的学生朱振华在老师的指导下，从寺庙的账簿、塔冢和残碑中考证出了古圣寺的历史，他还对苏德战争进行了深入研究，写成了20余万字的论文。

自然组在"创造年"中，建立了"鸟类迎宾馆""昆虫招待所""植物园""水族馆",通过观测星象,探索太空奥秘,组织"谈天会",还组织学生制作了大量动植物标本。

文学组成立了"佚名社""榴火社""浪花社"和"鲁迅研究会"等社团,陶行知把文学组里10岁到16岁学生的作品,编成了两册《雏燕草》,进行印发出版。

1942年初,绘画、音乐、戏剧三组以"见习团"的名义到重庆展演,重庆在每年的10月到次年5月常常多雾,这段时期被称为"雾季",敌机的空袭也相对较少,各种戏剧文艺活动也就活跃了起来。

1942年1月11日至15日,绘画组在重庆中苏文化协会举办"抗敌儿童画展"。画展分为木刻、水彩和油画等三个展室,展出了1000余件作品。《新华日报》和《战时教育》对画展进行了报道,《新华日报》还开辟了专栏登载评论文章和学生的三幅木刻。学生的佳作逐渐引起了社会的关注,前来参观画展的人络绎不绝,他们欣赏这些作品时,也买走了不少学生的画作。

16日至20日,戏剧组在重庆中国电影制片厂抗建堂公演,他们演出的剧目是由苏联作家班台莱耶夫的小说改编而成的儿童剧《表》。育才学生的首次公演就大获成功,轰动了整个山城,19日的《新华日报》发表了剧评,称赞他们的演出:"不仅站在儿童演剧水平上看,是使人惊异的,就是在整个陪都目前的演剧艺术水平上看,也可称是成功的。"

2月14日到15日,音乐组在重庆广播大厦举行了音乐演奏会。这两天正是旧历的除夕和新年的初一,历来很少下雪的重庆却迎来了纷飞的大雪,这也丝毫没有影响听众的兴致,听众们不避风雪,纷纷赶来聆听演奏。音乐组的学生们不负所望,为听众们献上了精彩的演奏，收获了无数赞扬。冯玉祥在会后冒雪赶到了孩子们的住处，他对孩子们表示祝贺，与大家一起欢度这个令人难忘的除夕。

绘画、戏剧、音乐三个组在一个多月的创造活动中，取得共约8.6万元的收入，除去开销后，净剩2万多元。陶行知把其中的6000元用在了育才学校驻渝办事处用的房屋修缮事宜上，同时充作5年的房租，其余的钱用来补充学校的经费。

10月16日，音乐组举办了音乐晚会，这是迎接创造之神的欢迎会，又是该组前往重庆演出的欢送会。陶行知兴奋地说："现在已把'创造之神'迎接回来了！"

他在育才建校三周年的纪念晚会上回望过去的艰难困苦，十分感慨，想到来之不易的成果，他心中充满了感激，并对所有人说道："本校从去年的二周年纪念到今年的三周年纪念，能在这样艰难困苦中支持了一年，几乎是一个奇迹。这个奇迹，不是一个人的力量所能够做得出来的，而是全体先生、同学、工友共同坚持、共同进步、共同创造，以及社会关心我们的人士尽力赞助所得来的。"

1943年春，绘画、音乐、戏剧三组学生再次赴渝，又一次赢得了山城人民的赞誉。陶行知在"创造年"取得了巨大成功，又将1943年定为了"科学年"。为了实现"科学年"的丰收，陶行知特意向儿子陶晓光寻求了帮助，他在1月11日给儿子的信中写道：

  我现在有一件事托你先做——代我们在成都搜集：

  （一）有价值之图书（包括国内外名著、研究报告、重要史料）。

  （二）必需用之仪器。

  今天是科学年，我们计划再扩充仪器，建立科学馆，以丰富中小学生之教育。我们还要编辑《育才文库》二百册，要丰富之参考书，请你代为搜集，见着就买。跑旧书铺及旧书摊是一件要事，望你也经验一下。价钱大有出入，要随办随研究，争取门径。关于搜集图书，你要先到华西图书馆及博物馆详细参观一下，作一番"博"的工夫，再请教几位有研究功夫的朋友。我现在举几个例子给你参考：

（一）去年一月我看到一本《支那疆域沿革图》，只化了五十元买得，帮助我们解决了许多史地的问题。

（二）王国维先生关于甲骨文研究最深，倘使遇着他的全集，必须想法买得，我至今还没遇到。

（三）参加伦敦艺术展博会之中国作品四册，我只化了六十元，现在要值一千元，也要[买]不到了。

好书买重复了也可以。因为朋友常是借用，弄得自己反没得用。我预备先用二万元来做初步搜集。

陶晓光当时在印度航空公司做器械师，他严格遵照父亲的嘱托买回了这些学习用具，极为认真和负责。有一次，陶行知让他代买一个大提琴，陶晓光买好大提琴后生怕碰着磕着了，他就一路抱着，小心谨慎地把东西送到了育才学校，陶行知评价儿子："晓光办事，代表我的精神。"

这年年初，周恩来、董必武派中共中央驻渝办事处徐冰送给育才学校一套南泥湾垦荒的照片，还给陶行知送了一件延安自纺自织的毛线衣，陶行知被南泥湾大生产的精神深深打动，决定让育才的师生也开始开荒生产。

3月2日，陶行知对外贴出了一首诗：

《今征三十士》

荒地五百亩，英雄好战场；今征三十士，有力共开荒。

种杂粮，养猪羊；年成坏，救饥肠；年成好，幸福无量。

小凤凰，羽翼强，飞上光铁坡，创造新家乡。

师生们看到这首小诗之后，对开荒生产萌生出极大的热情。征召开荒勇士的布告栏前挤满了人，大家抢着用钢笔、铅笔、毛笔在上面报名。最后统计出了学生们的报名情况，社会组有19人，自然组有14人，戏剧组有16人，文学组有7人，小学部有9人，比原定数目超出了35人。

学校考虑到小学同学年龄小，就劝他们暂时不要参加，结果没能轻易说服他们，小学同学们最后妥协表示只做慰劳工作。戏剧组在合川、北碚有公演任务，也被学校劝阻了，音乐、绘画两组在重庆还有任务也不能参加。最后，师生50余人组成了一支斗志昂扬的垦荒队。

3月9日，这支垦荒队出发开赴距离古圣寺校十多里的光铁坡，他们经过了为期42天的开荒，最终垦地30亩，建立了育才的第一个农场。

1943年10月16日，陶行知在育才学校的朝会上，宣读了他三天前写成的《创造宣言》，他在文章最后写道："只要有一滴汗，一滴血，一滴热情，便是创造之神所爱住的行宫，就能开创造之花，结创造之果，繁殖创造之森林。"这篇宣言是对创造活动的总结，也是对"科学年"的再动员。这篇宣言发表一个多月后，陶行知就写下了《育才学校校歌》，校歌的主题思想就是发扬创造精神。

《凤凰山上》

我们是凤凰山的儿女。

我们是凤凰山的小主人。

凤凰山是我们的家,

我们的学校,

我们的乐园,

我们的世界。

我们是凤凰山的开垦者,

要创造出新的凤凰山

新的家,

新的学校,

新的乐园,

新的世界。

……

让我们歌颂真善美的祖国,

真善美的世界,

真善美的人生,

真善美的创造。

百年巨匠

陶行知 Tao Xingzhi

第二十一章 民主教育的战场

1944年，世界反法西斯战争开始转入反攻，国统区的物价到7月时已经比战前猛涨了400到1200倍。这年冬天，日本侵略军从广西直逼西南大后方，被称为"小上海"的贵州独山失守，10万难民涌进了山城。

陶行知派人到重庆南岸的难民收容所、歌乐山第一保育院等单位去选拔新生，育才学校的学生人数增加到了300人左右。为了能给国家培养更多人才，陶行知还在继续广收学生，扩大学校的规模。他派夏志诚、杨明远、吕长春等人到保育院、慈幼院、难民收容所招收新生，他也亲自到歌乐山、南岸龙门浩难民收容所招生。一些中共地下党员和民主人士也陆续把自己的孩子送进育才学校读书。

陶行知在6月5日给长子陶宏的家书中提到了他们的稳定向好的现状：

宏：

　　前后汇来一万元（邓），又八千元（熊），俱已收到，至为感激。请代向邓、熊二先生致谢。《育才手册》已由晓光寄你，收据簿则由友人带去。现在每月最初及最后星期三晚八时，举行音乐晚会，同时广播，你有空时，可以收听，以辨其进退。音乐会采取基本会员方式，会费足以支持音乐组。但每月为此事亦须费些人力。

现在每天开门一万元,可靠收入是五千光景,其余是要每月筹措。现在有七个人经常在渝为经费而奔波,我只做他们的参谋,非我不可的地方才亲自去。最近徐佩镕先生之太夫人逝世,移赙仪捐与育才十一万余元;马冠雄先生太夫人逝世,又捐来十万元;沈天灵先生之尊翁逝世,于二十九日开追思会,亦捐与育才,但数目未定。美国援华会去年因育才未招生,保留未付美金九千元,不久可以照付。新近听了一个朋友的消息,即将贷金米改为限价米,每月即可节省一万七千元用于增加营养。这是近来经济之进展。至于画展得八万,公演得四万,勉强够一个月之亏。农场已种含羞草三百盆,要扩展至一千盆,预备卖二百元一盆。

五天之后,陶行知又给妻子吴树琴去信,提到了心心念念的肉松,还提到了一件趣事——

树琴:

昨天别后,托卫青买了一双草鞋,套在脚上,坐汽车回来,没有弄湿。

肉松的办法最好,很合我的口味。有了肉松,我可以节约了。这里的肉松还可吃三天。请你见信就为我再制一罐。

……今天看见一首诗,很好,特别是出于一位女子的手笔。从前有一位姓李的女子,美貌,为赵钧台所看中,想娶她为妾,却嫌她土重(大脚)。媒人说,她会做诗呐。赵乃以弓鞋为题目试之,女即写诗以答:

三寸弓鞋自古无,观音大士赤双趺。

不知裹足从何起?起自人间贱丈夫!

这真骂得痛快。

陶行知在信中讽刺封建社会迂腐的旧传统，也流露出他追求自由、追求平等、追求民主的态度。

从1944年开始，民主宪政运动空前活跃起来，陶行知也奋身投入了风起云涌的民主运动中，极力宣扬"民主教育"。他把民主视为争取抗战胜利和战后建设国家的根本，他在沈钧儒的七十寿辰上提出了抗战、团结、民主三位一体，指出"民主"又是其中之本。

1944年6月，陶行知写下了《从五周年看五十周年》一文，他在文章结尾提到："民主的洪流，浪头已经到来，没有力量可以抵抗它。我们必须在民主的生活中学习民主，并帮助老百姓在民主的组织中学习民主，学习管理众人的事，学习怎样做中华民国的主人。"

黄炎培于1941年成立的中国民主政团同盟在1944年9月改名为中国民主同盟，在民盟的第一次代表大会上，陶行知被推选为民盟中央常委兼民主教育委员会主任。

1945年5月，陶行知在他所主持的《战时教育》上发表了《实施民主教育的提纲》，他在文章中系统地阐述了"民主教育"，指出："旧民主，是少数资产阶级作主，为少数人服务。新民主，是人民大众作主，为人民大众服务。"

随后，他提出了"民主运用到教育方面来"：

民主运用到教育方面，有双重意义：

第一，民主的教育是民有、民治、民享的教育。"民有"的意义，是教育属于老百姓自己的。"民治"的意义，是教育由老百姓自己办的。例如从前山海工学团时代，宜兴有一个"西桥工学团"，是老百姓自己办的。农民自己的孩子把附近几个村子的教育办起来,校董是老百姓,校长也是老百姓。又如晓庄学校封闭后,晓庄学生不能回晓庄办教育,而老百姓又不要私塾,所以小孩子自己办了一个佘儿岗自动小学。又如陕北方面提倡的民办小学,也都是这意思。"民享"的意义,是教育为老百姓的需要而办的,并非如统治者为了使老百姓能看布告,便于管理,就使老百姓认识几个字。由此可见,有民有、民治、民享的政治,才有民有、民治、民享的教育。

第二,民主的教育,必须办到各尽所能,各学所需,各教所知。各尽所能,就是使老百姓的能力都能发挥。各取所需,因为经济条件没有具备,所以办不到。但各学所需是可以做到的。在民主政治下,特别是中国有许多人没有受教育,需要多少教员才能把各地教育办起来?如一人能教四十人,二百万教师才能教八千万小孩。这些教师是师范所不能训练出来的,所以还必须每人各教所知。各尽所能、各学所需、各教所知三点都办到了,民有、民治、民享的教育也就成功了。

1945年8月15日,日本宣布无条件投降。育才学校从1939年7月成立到抗日战争取得胜利的6年时间里,在极为恶劣的环境和艰苦条件下,为革命事业培养了一大批人才。从育才学校里走出来的学生们陆续走向了抗日的战场和解放战争的各个革命工作岗位上,有些学生还成长为了党和国家的重要领导人。

抗战胜利后,陶行知又开始寻找地址,打算将育才学校迁到重庆近郊,进一步扩大办学规模。11月1日,陶行知将《战时教育》改名为《民主教育》。随后，他在这份刊物上发表了《民主》和《民主教育》两篇文章。

他在接受《中国学生导报》采访时说："由于这次反法西斯战争的彻底胜利，中国将来是非民主不可的，中国的教育也是非民主不可的。中国自有现代化的教育以来，人民从来还没有受到过民主的教育。所以今后不但没有受过教育的人要来上民主第一课，就是受过教育的人也需要受教育，也应该来上民主第一课，但是要做到这一步，必先要教育是属于人民的，才办得到。因此，我主张政府应该还教育于人民。"

从1945年底到1946年初，育才学校陆续把音乐、戏剧、自然、社会科学、文学、绘画、舞蹈七个组和普通组的两个班迁到了化龙桥红岩村24号和管家巷28号，小学部和图书馆在1946年的下半年开学前才迁到红岩村。从此，育才学校迎来了民主教育的高峰时期。

抗战胜利后，以毛泽东为首的中国共产党代表团从延安来到重庆，与国民党政府代表进行谈判。国共双方经过了43天的艰难谈判，最终签订了《政府与中国代表会谈纪要》，即《双十协定》，国民政府接受中共提出的和平建国的基本方针，坚决避免内战、建设独立、自由和富强的新中国。

在中国共产党和各民主党派的推动下，政治协商会议于1946年1月10日在重庆召开。会议历时22天，将在一定程度上打破国民党的独裁统治，实现民主政治，推动和平建国。国民党暗中奉行"假和平、真内战"的立场，为共产党和民主进步人士埋下了重重杀机。

在举行政协会议期间，重庆各大人民团体成立了"政治协商会议陪都各界协进会"，提出了"政协会议只许成功，不许失败"的口号。"杨沧白先生纪念堂"每晚都会举行民众大会，陶行知正是民众大会的发起人之一。政协代表在民众大会上报告当天的开会情况和讨论的问题,并听取大家的建议,陶行知每晚必到场参与讨论。

育才学校的师生分批来沧白堂参加集会,他们常常受到国民党特务的盯梢和威吓。沧白堂举办民主讲座期间,国民党特务也混进讲座人群里,暗中进行捣乱,他们放鞭炮、喝倒彩,甚至公然向会场摔石头,打伤一些讲演者和听众。

陶行知愤慨地写下了《大闹沧白堂有感》这首短诗,痛斥国民党反动派。

> 主人要谈话,
>
> 公仆摔石头;
>
> 纵被石打死,
>
> 死也争自由。

经过一番斗争,政治协商会议终于通过一系列有利于和平民主的决议。为了促进纸上的决议付诸实施,重庆各界民主协进会、民主建国会等20多个团体决定在较场口广场举行"陪都各界庆祝政协会议成功大会",陶行知是大会主席团成员之一。

2月10日清晨,天蒙蒙亮,育才学校的师生就从红岩村列队出发,一路向较场口走去。育才学校的学生个头虽小,士气却十分高昂。沙坪坝的重庆大学、中央大学、教育学院等学生队伍却因国民党特务的阻挠没能顺利到会。

育才学校的师生到达较场口时,主席台前的坪地上已黑压压站满了人,上午来到较场口参会的群众多达数万人。大会主席团成员的李公朴、章乃器、陶行知等人和政协委员沈钧儒、郭沫若、梁漱溟等人陆续到达较场口,国民党中统局指使的中统特务也混进了会场。就在会议开始时，那群特务冲上主席台，抢过广播器，宣布"开会，奏乐，唱党歌"。

李公朴等人严词抗议，施复亮立即大声向台下宣布："请大会总指挥李公朴讲话。"

李公朴刚刚走到台前，一群特务就围了上来，他们对李公朴拳打脚踢，把头破血流的李公朴拖下了台去。郭沫若上前去阻拦，也被打伤。暴徒们很快亮出了身上藏的铁尺和砖头，开始肆意破坏，一时间，会场大乱。

陶行知被一拳打落了眼镜，马寅初不但被打了，连长衫马褂也被暴徒抢走了。李公朴在育才学校和社会大学同学的保护下，上了一辆吉普车，随后被送到市民医院进行救治。育才师生手挽手筑起了人墙，才帮助了陶行知等人顺利脱身。

暴徒在较场口大肆行凶，殴伤群众60余人，文化界人士茅盾、巴金、胡绳等152人联名发表了《告国人书》，重庆大学、中央大学等大专院校学生联合发表了《为陪都"2·10"血案告全国同胞书》。

"沧白堂事件"和"较场口事件"暴露出国民党反动派丑恶的真面目，陶行知心中的民主理想并没有被击溃，他的民主教育仍在继续推进。4月18日，陶行知回到了阔别多年的上海，开始筹备育才学校本部东迁之事。

百年巨匠 陶行知 Tao Xingzhi

第二十二章 捧着一颗心来，不带半根草去

1946年4月12日，陶行知离开了客居7年多的重庆，偕夫人吴树琴飞抵南京，除了去梅园新村向周恩来汇报育才学校迁沪的事，他还回了一趟晓庄，回到了这片他爱得深沉的土地。他在4月22日给长子陶宏的信中写道：

> 十二日八时三刻起飞，天气晴朗，一路无风。十二时三刻到京，住莲子营60号姚公馆，电话23013。十四日到晓庄扫墓，农人、小孩分四批到中央门、迈皋桥一带来迎接我们，见了从前幼稚园的孩子，已经生了小孩，等候我们开办幼稚园了。晓庄在焦土抗战的命令下，一切房屋都烧光了，树木都砍光了，只留得你祖父母墓两棵树岿然并存，欣欣向荣。

陶行知的父亲陶位朝是在1915年1月去世的，当时的陶行知还在美国留学，母亲曹翠仂是在1933年走的，当时正值新安儿童旅行团的7个孩子来上海旅行修学，11月26日，陶母就在上海国立医学院辞世。第二天晚上，新安儿童旅行团、山海工学团、儿童科学通讯学校等为陶母献上了花圈。陶行知在11月28日到新安儿童旅行团住地，对孩子们说起了自己的母亲："我的母亲是个劳动者，她一时一刻都在劳动的。我的几个孩子可算都是她带大的，她也可算是我的几个孩子的母亲。"

勤俭节约的陶母曹翠仂给家里三代人剃过头，剃过丈夫陶位朝的头，剃过陶行知的头，还给四个孙儿剃过头，陶行知把母亲用过的这把剃刀视为"传家宝"。陶母去世以后，陶行知还为这把剃刀写了一首诗：

　　这把刀！
　　曾剃三代头。
　　细算省下钱，
　　换得两担油。

陶母病故后，陶行知将病痛缠身的妻子汪纯宜送去了上海普慈疗养院进行治疗和养护。陶行知在去哥伦比亚大学留学之前和汪纯宜结了婚，汪纯宜在1924年年底为陶行知生下了第四个儿子。1928年，为了支持陶行知创办晓庄学校，汪纯宜跟随陶行知，带着陶母和四个孩子从北京来到了晓庄。她多年以来一直过分牵挂着辛劳奔波的陶行知，为丈夫的事业操劳，又因误食了过量安眠药损害了神经，时常精神错乱。后来，晓庄被查封，陶行知被全国通缉，汪纯宜的病势在数度变故中日益加重。1936年4月23日，汪纯宜在普慈疗养院去世。早逝的妻子为陶行知留下了4个男孩，当时的长子桃红（陶宏）21岁，小桃（陶晓光）18岁，三桃（陶刚）17岁，蜜桃（陶城）12岁。

1929年6月6日，陶行知的妹妹陶文渼在晓庄病故，年仅34岁。她是陶行知教育事业的重要的支持者和辅助者，也是乡村妇女解放的先锋，在陶行知的平民教育和乡村教育运动中贡献了很多力量，陶行知在《文渼指导遗志》一文中写道：

　　她到晓庄后，最心爱的便是那些勤俭活泼的"香姑（乡村姑娘）"。她一见他们心里就有说不出的快乐。为了她们，

陶行知与妹妹陶文渼（左）、妻子汪纯宜（右）的合影

  她曾创设了晓庄农暇妇女工学处（设在我家"五柳村"）。她主张农村妇女教育应以生利活动为中心。试行虽不久，但是她与我都深信这条路是走得通的。她病中时常挂念她们，恨不得立刻病愈，起来领导她们把晓庄农暇妇女工学处办好，再把这种制度推行出去，使个个'香姑'都得到生活的教育。

  陶文渼病故后，陶行知把她安葬在劳山脚下（今晓庄行知园），让她长眠于这块她所爱过和奉献过的土地。

  陶行知在母亲入殓时曾伤心地哭道："母亲、文渼、纯宜，你们实在是三位最伟大的女性，实在是被我拖垮累垮的啊！"

  1938年时，陶行知在国外进行抗日宣传，他的一位朋友问起了他的家人，这让身在异国他乡的陶行知无比伤感，他为此写下了一首诗：

  你问吾妹安否，

你问吾母康健，

你问吾妻无恙，

我听了说不出话来，

眼泪要从心头泻。

待我再上坟时，

当诉说你的挂念。

他们去了也好，

我率性将家庭眷恋，

化作民族解放宏愿。

将大地走遍，

要同胞把存亡关键，

结成联合战线。

　　1946年4月18日，陶行知回到了上海。此时的国内形势十分紧张，陶行知一边寻找校址，一边奋不顾身地投入到了反对内战、争取和平民主的斗争中。

　　陶行知原本打算在上海"办育才大学、社会大学，恢复晓庄和工学团等等，并且都有计划"，但他很快发现原计划并不现实，上海物价几乎比四川高一倍，想在上海办育才，很难在有限的资金条件下找到大的校舍。因此，陶行知不再自筹迁校的事，而是决定在上海帮助一些条件较好的学校办成育才式的学校。

　　办社会大学也并不容易，不但房子难借，还容易因政治上的原因，招来麻烦。陶行知便决定采用演讲、座谈、读书会等形式来办无形的社会大学。好在陶行知的部分计划顺利实现了，山海工学团和晓庄研究所很快恢复了，生活教育社上海分社在5月12日开会成立了。

回到上海的陶行知如同一个受重庆民主大本营特派来上海开辟地盘的先锋，随着柳亚子、茅盾、田汉、邓初民、马寅初、翦伯赞等一批著名人士陆续来到上海，5月中旬时的上海已基本成为国内最具影响的民主大本营。

陶行知的身影常常活跃在中华职业教育社、教育团体联合会等教育组织，也常常奔走在沪江大学、圣约翰大学等高校里，他还出现在百货职工纪念"五一"联欢会上。他讲演的日程每天都排得很满，一天讲演两到三场是常事。他自己曾统计过，在初到上海的一个月零三天中，他总共讲演了80余次，几乎打破了10年前在北美奔走时所创下的讲演纪录，他在演讲中呼喊和平民主，介绍国内外的教育情况，他的讲题有《民主生活与民主教育》《小学教师与民主运动》《民主教育》《社会大学之道》《社会大学之理论与实践》《新中国之新教育》等。他还积极宣传推广"小先生"制，提倡用"小先生"办法普及职工教育。

6月7日，蒋介石在东北战场上大胜后宣布东北停战两周，后来迫于压力又延长了一周。然而大家都心知肚明，这三周的暂时休战只是为了准备一场规模更大的战争。

蒋介石宣布停战后，陶行知与马叙伦等160余位知名人士进行联名行动，他们在6月8日以上海文化界的名义分别致书蒋介石、马歇尔、中共代表团以及社会贤达，高声呼吁和平，反对内战。

6月22日，陶行知发表《怎样可以得到和平》的文章，揭示这次东北停战的一大漏洞："前次停战协定将东北划在停战之外是一个漏洞。这次停战条款只谈军事不谈政治也是一个大漏洞。"

陶行知在文章中明确表示只有依靠老百姓和通过斗争才能得到和平与民主："和平与民主都不是从天上落下来的，也不完全靠着代表商谈出来,要靠全国人民,万众一心,拼命争取,才能得到和平,同时得到民主"。

接着,他又表达了民主党派的一贯要求:"我们希望谈判公开,军事与政治,和平与民主的谈判都公开,使老百姓皆得与闻,而作最后之裁定"。

陶行知等民主运动领袖人物发起成立了"上海人民呼吁和平入京请愿代表团"。6月23日,浩浩荡荡的人潮涌入上海北站,人们在这里欢送马叙伦等代表到南京请愿,为他们举行了入京请愿大会,"上海和平运动联合会"在请愿大会上宣告成立,联合会的会员多达10万余人,参加这次欢送大会的人就有5万余人。陶行知作为主席团成员,在会上致词,并大声疾呼:"八天的和平太短了,我们需要永久的和平!伪装的民主太丑了,我们需要真正的民主!和平与民主不可分割,永久的和平要有充分的民主来保障。我们要用人民的力量反对独裁,制止内战,夺取真正的民主。"

1946年的7月,黑暗而恐怖。7月11日,爱国民主人士、中国民主同盟的领导人李公朴先生在昆明被特务枪杀,15日,闻一多先生在主持了李公朴的追悼会后在昆明街头被特务暗杀。

周恩来派秘书到陶行知的居住处提醒他要小心,他现在是反动派榜上的"黑榜探花"。陶行知无所畏惧地回应,我等着第三枪,他在7月16日愤然写下了致育才学校全体师生的《最后一封信》:

公朴去了,昨今两天有两方面的朋友向我报告不好的消息。如果消息确实,我会很快地结束我的生命。深信我的生命的结束,不会是育才和生活教育社之结束。我提议为民主死了一个就要加紧感召一万个人来顶补,这死了一百个就是一百万人，死了一千个就是一千万个人。我们现在第一要事是感召一万位民主战士来补偿李公朴先生之不可补偿之损失。只有这样才是真正的追悼。平时要以"仁者不忧，智者不惑，勇者不惧，达者不恋"的精神培养学生和我们自己。有事则以"富贵不能淫，贫贱不能移，威武不能屈，美人不能动"相勉励。

7月2日，上海人民团体联合会发表了《告美国人民宣言书》，陶行知作为中国民主同盟领导人，在记者招待会上用英语宣读了宣言，他指出只有美国停止援蒋，中国才有可能实现和平。两周之后，陶行知与郭沫若、沈钧儒、马叙伦等人在上海发起了《致美国人民书》的签名活动，呼吁美国人民制止美国政府帮助国民党发动内战。

7月22日，陶行知参加了邹韬奋逝世两周年及遗体安葬大会，他在会上诵读了祭文，把邹韬奋、李公朴、闻一多的"舍生取义"称为国家的光荣。

7月23日下午，叶圣陶、沈钧儒、吴晗等十多位民盟领导人在愚园路的民社党开会，商讨李公朴、闻一多纪念集的出版事宜。在开会之前，有人谈起陶行知不能来，因为他现在是黑名单上的第三名，而且他一连好几天都在昼夜工作，忙得不可开交。结果就在大家说话时，陶行知来了，他坐在了叶圣陶旁边，参加了整个会议。

陶行知还在会上提出了两件应该办的事，第一，他在会上重提了组织国际人权保障会的事，他列举了一些在上海居留的国际知名的民主人士，大家都表示同意，并推举他来筹备此事。第二，他提到洪门领袖司徒美堂先生已到上海，他过去曾和司徒老先生见过面，两人谈得极好，他提议应该招待一次司徒老先生，并说明他们的主张和看法。陶行知提出的第二件事也得到了众人的同意，大家在会上当场推定了十五个人做主人，陶行知是主人中的主人，招待的时间定在7月25日下午4点，地点借用民社党的党部。

当天晚上，陶行知和叶圣陶等人来到了郭沫若的寓所，一起听周恩来分析当下的时局。叶圣陶的日记中记录着陶行知的状态："陶坐一椅子上，未甚开口，精神似不佳。"

陶行知从1940年起，身体就越来越差，他的血压很高，抵抗力较差，每到换季时，常患感冒腹泻和疟疾，有时一病就是好几个月，身体也恢复得很慢。他常告诫子女和学生"对于元气宜多储蓄，对于健康切勿透支"，但他自己却没有做到。

他有时血压高到200多，非但不休息，还要加重工作。他在抗战时期，因经济拮据没钱购买价格高昂的西药来抑制高血压，就用廉价的海带作为替代品进行食疗，长期营养不良的他总是拖着疲惫的身子在山城重庆到处奔走。到了上海，他也没有进行正常护理和治疗。

陶行知还在通过卖字为育才筹集经费，7月24日，他从下午1点起，连续工作了5个小时来整理他的诗集。晚上，妻子吴树琴和儿子陶晓光到爱棠新村13号这个临时住所来探望陶行知。吴树琴劝他千万要注意身体，不要过分劳累。随后，她和陶晓光就离开了。谁也没有料到，这一别竟成了陶行知与家人的永别。

7月25日早晨，陶行知借居任家的仆人来到三楼，请他下楼同进早餐，仆人连喊三声，屋里却没有任何。仆人立即破门而入，进屋后就发现陶行知早已昏厥倒地。陶行知因劳累过度，在凌晨时分突发脑溢血，此时的他已陷入深度昏迷，不省人事。

仆人立即打电话给沈钧儒，请他的儿子沈谦医生前来施救。沈钧儒、沈谦一同乘车前往陶行知的住处，沈谦为陶行知诊治后判断他为脑溢血，必须马上进行抢救。

陶行知被送往医院，最终抢救无效，这颗为国为民、仁爱坚毅的心在1946年7月25日12时30分停止了跳动，55岁的陶行知战斗到了生命的最后一刻。

陶行知生命的最后100天是忙碌的，焦虑的，他到上海各大中小学、工厂、农村和机关，以"反内战、要和平"为题讲演了一百多次。正如茅盾在得到噩耗当天写成的悼文中所说："陶行知像苦战已久的战士似的流尽了最后一滴血，光荣地倒下了。"

周恩来得知陶行知的死讯后，推迟了会见美国特使马歇尔的安排，他立即赶来医院，见陶行知最后一面，他俯身拉着陶行知还并不僵硬的手，眼含着热泪说："陶先生放心去吧！你已经对得起民族，对得起人民。你的事业会由朋友们，你的后继者们坚持下去的，你放心的去吧！我们一定要争取全面的，永久的和平，并实现民主来告慰你。朋友们都得学习你的精神，尽瘁民主事业，直到最后一息，陶先生，你放心的去吧！"

当天，周恩来给中共中央发去电报："陶先生确是死于劳累过度，健康过亏，刺激过深。这是中国人民又一次不可补偿的损失。10年来，陶先生一直跟着毛泽东同志为代表的党的正确路线走，是一个无保留追随党的党外布尔什维克。"

中共中央代表团发布唁电说："伟大人民教育家和民主战友陶行知先生不幸逝世，实为中国人民大众政治解放和精神解放的最大损失。相信陶先生之死，将振奋无数崇仰先生思想事业人格作风之男女，更加坚强起来，为人民大众服务。"

黄炎培听闻了陶行知去世的噩耗，在7月30日悲恸地写下了《哭陶行知先生》一诗：

> 秀绝金陵第一声，行知当日号知行。
> 杜威北美开新派，刘廖南高并盛名。
> 合一晓庄教学做，成群山海小先生。
> 不堪闻李成仁后，天夺良师万泪并。

8月11日，延安各界为陶行知举行了追悼会，毛泽东写下题词，称他为"伟大的人民教育家"，宋庆龄题词"万世师表"，郭沫若说："陶先生是时代的导师，教育的巨子，是真、善、美的完人。"

10月27日上午9点，陶行知的追悼会在上海震旦大学举行，工人、农民、学生，以及文化教育界和中外人士等五千余人到会。礼台外侧横向悬挂着一块匾额，上书"民主之魂，教育之光"。南京、重庆、延安、新加坡、美国相继举行了追悼会，边区政府决定将"延安中学"改名为"行知中学"，设立"行知奖学金"，重庆管家巷28号创立了"行知小学"。

陶行知的老师美国教育家杜威、克伯屈、罗格等三人致电陶行知治丧委员会："今闻陶行知博士逝世，不胜哀悼，其功绩，其贡献，对于中国之大众教育，无与伦比。我们必须永远纪念并支持其事业。"

1946年12月1日，陶行知的灵柩上覆盖着"万世师表""民主之魂"的旗帜，他在沈钧儒、董必武带领的漫长送葬队伍的护送下，回到了南京，回到了他播下教育种子的晓庄。

陶行知曾写下《自勉并勉同志》一诗："人生天地间，各自有禀赋。为一大事来，做一大事去。"爱满天下的陶行知把毕生精力都投入到了"教育"这件大事中，最后，他长眠于晓庄，捧着一颗心来，不带半根草去。

参考书目

- 陶行知:《陶行知全集》(第1卷—第12卷),四川教育出版社,2005年。
- 陶行知:《中国教育改造》,安徽人民出版社,2018年。
- 王文岭:《陶行知年谱长编》,四川教育出版社,2012年。
- 陶侃:《我的曾祖父——陶行知先生》,上海人民出版社,2021年。
- 邵丹:《人生处处有真情——陶行知家书》,辽宁古籍出版社,1996年。
- 简·杜威著,单中惠编译:《杜威传》,安徽教育出版社,2009年。
- 约翰·杜威著 刘时工编译:《学校与社会》,华东师范大学出版社,2019年。
- 周洪宇:《陶行知与中外文化教育》,人民教育出版社,1998年。
- 王文岭:《沸腾的晓庄》,东南大学出版社,2021年。
- 邝忠炽,徐仲林,于波:《陶行知与重庆育才学校》,西南师范大学出版社,2006年。
- 章开沅、唐文权:《平凡的神圣——陶行知》,华中师范大学出版社,2013年。
- 于洋、王莹:《全球视野下的陶行知研究》,北京师范大学出版社,2015年。
- 王一心:《最后的圣人——陶行知》,团结出版社,2009年。

◎ 袁晞:《陶行知:捧着心来,不带草去》,大象出版社,2007年。

◎ 王德滋、龚放、冒荣:《南京大学百年史》,南京大学出版社,2002年。

编导手记

人生天地间　各自有禀赋
为一大事来　做一大事去

本集编导　郭鹏

"人生天地间，各自有禀赋，为一大事来，做一大事去……"，这是享誉世界的中国教育家陶行知先生于1924年创作的《自勉并勉同志》诗中的四句。读懂这段话，大概就能对陶行知先生终其一生奉献的教育事业有较深刻的理解。

这段文字大意理解为："我们生在世间的每一个人都各自有各自的素质或天赋，不应妄自菲薄，也不要恃才傲物。我们每个人来到世上都是肩负着一定的使命的。我们要有自己的目标，应该根据自己的才能和目标去追求一件重要的事情，为之努力奋斗，积极地去实现自己的价值和目标。"

在陶行知先生的心中，这件"大事"就是教育。因此，他把毕生精力都投入到"教育"这一大事中来。我对先生教育思想的理解，也是从这段话开始的。在尊重人物传记纪录片以时间为序的前提下，我们结合掌握的丰富资料素材，确定了两个方向，一是挖掘当下正在发生的与陶行知先生相关的故事，不断与过去的时空呼应；二是引用大量陶行知先生的书信、文章、诗词等参与到叙事中来。节目开篇，我们的镜头对准了美国哥伦比亚大学教育学院2023届毕业典礼的现场。哥伦比亚大学教育学院，是陶行知先生当年求学的地方。在2023届毕业典礼上发表演讲的是来自中国广东的博士毕业生陈若浩，他在演讲中重点讲述了陶行知和哥伦比亚大学的故事。我们在历史与现实中找到了关联，在这种关联中，感受到了跨越时空的情感传递，深刻体会到了陶行知先生的国际影响力。这种现实与历史的交织与呼应，打破了单一的时间顺序，避免了流水账的枯燥乏味。讲述"小先生制"的时候，我们从上海行知实验中学的一场"小陶子"社团招新活动现场切入，再回到百年前陶行知先生创立"小先生制"的时刻。这样的时空交织，让我们看到了"小先生"持续蓬勃向上的生命力。除了在时空和时间上的"闪转腾挪"，我们引用了大量陶行知先生的书信、文章、诗词中的内容来参与叙事。比如引用1927年陶行知写给母亲的家书中这样一段话："母亲，儿从母亲寿辰立志，决定要在这一年当中，于中国教育上做一件不可磨灭的事业，为吾母庆祝，并慰父亲在天之灵。儿起初只想创办一个乡村幼稚园，现在越想越多，把中国全国乡村教育运动一齐都要立他一个基础。儿现在全副的心力都用在乡村教育上，要叫祖宗及母亲传给儿的精神，都在这件事上放出伟大的光来。"每每读到这一段内容，我都心潮澎湃、激动不已。先生对教育的赤诚，先生对家国的情怀，先生的人格之伟大，充满了字里行间。

陶行知先生对教育的贡献，不仅是提出了以"生活教育"为理论核心的众多平民教育思想与理论，还在于他在后半生将他的"生活教育"理论进一步升华，确定了办学校、投身教育的目标就是为国育才，为民族育才。1943年10月16日，陶行知在育才学校朝会上宣读《创造宣言》。他满腔热忱地呼唤道："处处是创造之地，天天是创造之时，人人是创造之人，让我们至少走两步退一步，向着创造之路迈进吧。创造之神！你回来呀！你所栽培的树苗有了幻想……只要你肯回来，我们愿意把一切——我们的汗，我们的血，我们的心，我们的生命都献给你。"陶行知先生为当时的青少年群体以及当代青少年群体，树立了正确的世界观、人生观、价值观典范。人生天地间，各自有禀赋。为一大事来，做一大事去。陶行知把毕生精力都投入到"教育"这一大事中来，在百年前的那个阴霾蔽日的世纪黄昏，如同一颗照亮人们希望的星星，带领国人迎来中国教育破晓的时刻。就像他诗里所向往的一样："我是中国人，我爱中华国，中国现在不得了，将来一定了不得。"节目创作的过程，也是我们不断成长的过程。感谢陶行知先生孙女陶铮、曾孙陶侃以及各位专家学者对节目创作的无私支持！

图书在版编目（CIP）数据

陶行知 / 陈宏，曾丹，郭鹏编著 . -- 北京：外文出版社，2025.4. -- （百年巨匠）. -- ISBN 978-7-119-14058-2

Ⅰ . K825.46

中国国家版本馆 CIP 数据核字第 2024DB6843 号

总 策 划：胡开敏　杨京岛
统　　筹：蔡莉莉
责任编辑：李　黎
封面设计：北京夙焉图文设计工作室　子　㳺
正文制版：魏　丹
印刷监制：章云天

百年巨匠·陶行知

陈宏　曾丹　郭鹏　编著

©2025 外文出版社有限责任公司
出 版 人：胡开敏
出版发行：外文出版社有限责任公司
地　　址：北京市西城区百万庄大街 24 号　　邮政编码：100037
网　　址：http://www.flp.com.cn　　电子邮箱：flp@cipg.org.cn
电　　话：008610-68320579（总编室）　　008610-68996167（编辑部）
　　　　　008610-68995852（发行部）　　008610-68996185（投稿电话）
印　　刷：鸿博昊天科技有限公司
经　　销：新华书店 / 外文书店
开　　本：710mm×1000mm　1/16
装　　别：平装
字　　数：200 千
印　　张：17
版　　次：2025 年 4 月第 1 版第 1 次印刷
书　　号：ISBN 978-7-119-14058-2
定　　价：58.00 元

版权所有　侵权必究　如有印装问题本社负责调换（电话：68996172）